विवेक शुक्ला

विवेक शुक्ला साढ़े तीन दशकों से हिन्दी-अंग्रेज़ी में लिख-पढ़ रहे हैं। कई मीडिया संस्थानों में ज़िम्मेदार ओहदों पर रहे। उनकी दिलचस्पी के विषयों में साउथ एशिया, भारत का बंटवारा और बिज़नेस रहे हैं, पर उन्हें दिल्ली के पेड़ों, परिंदों, लोगों, सड़कों, दीवारों वग़ैरह को जानना और उनके बारे में लिखना सुकून देता है। अब तक दिल्ली के अलग-अलग रंगों पर कम-से-कम ढाई हज़ार से ज़्यादा लेख, फ़ीचर और रिपोर्ट लिख चुके हैं। गांधीजी के दिल्ली से संबंधों पर इनकी किताब *'Gandhi's Delhi : April 12, 1915-January 30, 1948 And Beyond'* 2019 में प्रकाशित हुई। क़रीब एक दर्जन देशों की यात्रा कर चुके विवेक शुक्ला नवभारत टाइम्स, बीबीसी, टाइम्स ऑफ़ इंडिया, हिन्दुस्तान टाइम्स, इंडियन एक्सप्रेस, दि हिन्दू के लिए लगातार लिखते रहे हैं।

दिल्ली का पहला प्यार
कनॉट प्लेस

विवेक शुक्ला

प्रथम संस्करण: 2023

ISBN: 979-8-88935-967-8

© विवेक शुक्ला

मूल्य: ₹ 165/-

प्रकाशक: प्रतिबिम्ब, नोशन प्रेस का उपक्रम
संपर्क: नोशन प्रेस,
7, मांटिएथ रोड
एग्मोरे, चेन्नई, तमिलनाडु – 600008

Dilli ka Pehla Pyaar Connaught Place
Essays by Vivek Shukla

अनुक्रम

भूमिका

कनॉट प्लेस से मेरा पहला साक्षात्कार संभवत: 1970 के आसपास हुआ था। मतलब मुझे तब से इसकी यादें हैं। इसके आसपास दशकों तक रहना, पढ़ना, नौकरी करना, घूमना, फ़िल्में देखना वग़ैरह ज़िंदगी का हिस्सा रहा। यह सिलसिला बदस्तूर जारी है। जब तक ज़िंदगी है, तब तक कनॉट प्लेस से आत्मीय संबंध बने रहने का भरोसा भी है। इसने आनंद और सुख के भरपूर पल दिए हैं। आप चाहें, तो कनॉट प्लेस को एक 'हैप्पी प्लेस' भी कह सकते हैं। यहां आकर सबको एक तरह का सुकून मिलता है। आकर फिर जाने का मन ही नहीं करता। जाने के बाद फिर से यहां आने की इच्छा बनी रहती है। कोई बात तो है इसमें। यों ही तो आपके दिल के इतने क़रीब कोई जगह नहीं हो जाती।

जैसा मैंने ऊपर लिखा कि कनॉट प्लेस को लेकर पहली स्मृति संभवत: सन् 1970 के आसपास की है। मैं, मां और पापा रीगल बिल्डिंग से होते हुए जनपथ की तरफ़ पैदल जा रहे थे। हमने जनपथ जाने से पहले खादी के शोरूम में कुछ शॉपिंग की थी। जनपथ की तरफ़ जाते हुए जैसे ही हमने संसद मार्ग वाली सड़क को क्रॉस किया, तो मां ने पापाजी से बैंक ऑफ़ बड़ौदा बिल्डिंग की तरफ़ इशारा करते हुए पूछा था, 'सुनो जी, यह कौन-सी बिल्डिंग बन रही है? बहुत सुंदर है। पापाजी ने मां को बताया था कि 'यह बैंक ऑफ़ बड़ौदा की बिल्डिंग है।' सच में उस दौर में बैंक ऑफ़ बड़ौदा को कनॉट प्लेस की सबसे भव्य और बेहतरीन बिल्डिंग माना जाता था। वक़्त का खेल देखिए कि मैंने उसी बिल्डिंग में साल 2009 में मुंबई के सोमाया ग्रुप के सोमाया पब्लिकेशंस को एडिटर के तौर पर ज्वॉइन किया। वहां जब पहली बार ज्वॉइन करने के लिए जा रहा था, तब मां और पापाजी के बीच का वह संवाद याद आ रहा था। तब तक दोनों इस संसार से जा चुके थे इसलिए उन्हें मैं बता भी नहीं सकता था कि मेरा दफ़्तर उसी बिल्डिंग में होगा, जिसके बारे में उन्होंने एक बार चर्चा की थी।

दरअसल कनॉट प्लेस एरिया में बैंक ऑफ़ बड़ौदा बिल्डिंग से पहले हिन्दुस्तान टाइम्स हाउस तथा टॉलस्टॉय हाउस में भी नौकरी की। इसके अलावा बाराखंभा रोड की विजया बिल्डिंग तथा कनॉट प्लेस के कॉम्पिटेंट हाउस में भी कामकाज के सिलसिले में सैकड़ों बार आना-जाना लगा रहा।

मैंने कनॉट प्लेस में हमेशा एक तरह की समाजवादी व्यवस्था देखी। यह इसकी ताक़त है। यहां चंद्रशेखरजी और आई.के. गुजरालजी को अपने मित्रों के साथ टहलते हुए देखा। यहीं बेडमिंटन के सुपर स्टार प्रकाश पादुकोण तथा सैयद मोदी शॉपिंग करते हुए मिले। एम.एफ़. हुसैन को नंगे पांव सड़कों को नापते हुए भी देखने का मौक़ा मिला। इसी कनॉट प्लेस में सुपर बाज़ार के आगे अटल बिहारी वाजपेयीजी को एक चुनावी सभा के बाद पांच-दस लोगों से बतियाते हुए देखा। पर ये सब बातें 1980 के आसपास की हैं। तब तक पंजाब में आतंकवाद ने पैर नहीं पसारे थे।

पंजाब में आतंकवाद और क़त्लेआम का असर दिल्ली पर सीधे तौर से हुआ था। पंजाब में आतंकवाद के पैर जमाते ही दिल्ली और कनॉट प्लेस बदलने लगा था। यहां पहले जैसा खुला माहौल नहीं रहा था। फ़िज़ाओं में एक भय का भाव तैरने लगा था। भयभीत ख़ासमख़ास शख़्सियतों ने ख़ुद को घरों या फिर अपनों के बीच क़ैद कर लिया था। इसका असर यह हुआ कि कनॉट प्लेस भी वंचित हो गया उन नामवर शख़्सियतों से, जो यहां घूमते हुए या किसी रेस्तरां में बैठे हुए मिल जाया करती थीं।

बेशक पंजाब में आतंकवाद से पहले और बाद के कनॉट प्लेस का चरित्र काफ़ी अलग था। हंसते-खेलते कनॉट प्लेस के लिए 1984 बेहद मनहूस साबित हुआ। प्रधानमंत्री इंदिरा गांधी की हत्या के बाद दिल्ली जली, तो उसकी लपटों ने कनॉट प्लेस को भी जलाया। कनॉट प्लेस में सिखों के बहुत से शोरूम फूंक डाले गए। उस मंज़र को याद करके अब भी सिहरन होने लगती है। मुझे याद है, कनॉट प्लेस में जगह-जगह टायर जल रहे थे। सच में डरावने दिन थे। फिर हमेशा आबाद रहने वाले कनॉट प्लेस को कोरोना काल, ख़ासतौर पर दूसरी लहर के समय एकदम उदास देखा। यहां दूर-दूर तक कोई इंसान दिखाई नहीं देता था। सड़कों पर सिर्फ पुलिस या अस्पतालों की सायरन बजाती गाड़ियां निकल रही होती थीं।

मैं जब कनॉट प्लेस पर किताब लिखने के बारे में सोचने लगा, तो कुछ दोस्तों ने पूछा, 'कनॉट प्लेस पर किताब लिखने की क्या ज़रूरत है?' इस चुभने वाले सवाल पर मेरा यही जवाब होता कि 'कनॉट प्लेस पर मैं किताब नहीं लिखूंगा, तो इसकी पूरी कहानी कभी सामने नहीं आ पाएगी।' क्षमा करें, इस उत्तर में दंभ का पुट हो सकता है, पर मुझे हमेशा लगा कि कनॉट प्लेस को मैं थोड़ा-बहुत तो जानता हूं।

मेरी कनॉट प्लेस पर काम करते हुए कोशिश रही कि बात सिर्फ इसकी दीवारों, बरामदों, शोरूम्स, विंडो शॉपिंग तक ही सीमित ना रह जाए इसलिए कनॉट प्लेस के पेड़ों, परिंदों, शख़्सियतों, सड़कों वग़ैरह के साथ भी इंसाफ़ किया जाए। मुझे यह किताब लिखने का मन इसलिए भी हुआ क्योंकि इसके आर्किटेक्ट रॉबर्ट टोर रसेल की कहीं कोई बात नहीं होती। वह अप्रतिम आर्किटेक्ट थे। उन्होंने दिल्ली को सबसे शानदार लैंडमार्क दिया, पर वह गुमनामी में रहे। उन्हें गुमनामी के अंधेरे से निकालने की भी चाहत थी।

सिर्फ औपचारिकता की बात नहीं, यह सच है कि कनॉट प्लेस पर काम करते हुए पत्नी गीता और छोटे पुत्र उत्सव के भरपूर इनपुट्स मिले। हां, बड़ा पुत्र सार्थक उन चर्चाओं में शामिल होता रहा।

कनॉट प्लेस के ज़ायकों पर काम करते हुए परम मित्र राजन धवन और संतोख चावला ने भरपूर सहयोग दिया और ज़रूरी लोगों से मिलवाया भी। इनके अलावा अपने बड़े भाई साहब मोहन शुक्ला से तो हर चैप्टर को शुरू करने से लेकर पूरा करने के दौरान बातें होती रहीं। कनॉट प्लेस की आत्मा को समझने के लिए डी. मिनसेन एंड कंपनी के मालिक जॉर्ज च्यू और सेंट्रल न्यूज़ एजेंसी के मालिक आर.पी. पुरी (अब स्मृति शेष) से हुई दर्जनों बैठकों से निकले निष्कर्षों से भरपूर लाभ हुआ। मैंने पचास साल पुराने दोस्त संदीप वहल के साथ सैकड़ों बार कनॉट प्लेस की ख़ाक छानते हुए इसे क़रीब से समझने की चेष्टा की। ये सब मेरे इतने अपने हैं कि मैं इन्हें शुक्रिया कहने की कोई ज़रूरत नहीं समझता हूं।

मैंने कनॉट प्लेस के बारे में लिखते हुए तथ्यों को बार-बार चेक किया। यह पत्रकार के रूप में सीखा था कि तथ्यों के साथ कहीं कोई समझौता ना हो। यदि फिर भी किताब में कहीं कोई कमी या भूल रह गई हो, तो इसके लिए सिर्फ मैं ज़िम्मेदार हूं।

विवेक शुक्ला

रॉबर्ट टोर रसेल का सीपी

कनॉट प्लेस मतलब दिल्ली की जान और शान। राजधानी की सबसे ख़ास पहचान। आम और ख़ास की पहली पसंद। कौन-सा दिल्लीवाला होगा, जिसकी इसके साथ यादें ना जुड़ी हों। कौन-सा दिल्लीवाला होगा, जिसे इधर आना अच्छा ना लगता हो। कनॉट प्लेस में घूमना, शॉपिंग करना, किसी रेस्तरां में जाकर कॉफ़ी पीना या ढाबे पर खड़े होकर छोले-कुलचे खाने का सुख ग़ैर दिल्लीवाला नहीं जान सकता। यह अकेली ऐसी जगह है, जहां आप अकारण और बिना अपने किसी दोस्त या क़रीबी के साथ भी घूम सकते हैं। इधर आना आपको एक नई एनर्जी देता है। आप कुछ पलों के लिए अपने रोज़मर्रा के तनावों को भूल से जाते हैं।

दरअसल कनॉट प्लेस के आर्किटेक्ट रॉबर्ट टोर रसेल (1888-1972) ने इसका डिज़ाइन सन् 1929 में तैयार करके अपने बॉस और नई दिल्ली के चीफ़ आर्किटेक्ट एडविन लुटियंस को सौंप दिया था। इसके बाद इसका निर्माण शुरू हुआ और यह सन् 1933 तक लगभग बनकर तैयार हो गया। ब्रिटिश सरकार नई राजधानी की अन्य ख़ास इमारतों के साथ इसका निर्माण भी शुरू करना चाह रही थी, पर पहले विश्व युद्ध के शुरू होने के कारण बात आगे नहीं बढ़ सकी। तब ब्रिटिश सरकार कनॉट प्लेस के निर्माण पर बहुत अधिक निवेश करने की स्थिति में भी नहीं थी। ख़ैर, कनॉट प्लेस का एक बार निर्माण पूरा हुआ, तो यहां की दुकानों में ग्राहक आने लगे।

दिल्ली के सन् 1911 में देश की राजधानी बनने के बाद यहां गोरों ने एक शानदार शॉपिंग सेंटर बनाने का फ़ैसला लिया था। वे चाहते थे कि यहां कुछ पिक्चर हॉल भी हों, ताकि वे वहां जाकर फ़िल्मों का लुत्फ़ भी उठा सकें। इन सब वजहों के चलते कनॉट प्लेस सामने आया। रॉबर्ट टोर रसेल से पहले कनॉट प्लेस का डिज़ाइन तैयार करने की ज़िम्मेदारी एडविन लुटियंस ने प्रख्यात आर्किटेक्ट डब्ल्यूएच. निकोल्स को दी थी। लेकिन उन्हें निजी कारणों के चलते वापस इंग्लैंड जाना पड़ा। तब यह दायित्व आया रॉबर्ट टोर रसेल के कंधों पर। तब तक रॉबर्ट टोर

रसेल तीन मूर्ति (पहले फ़्लैग स्टाफ़ हाउस) का डिज़ाइन तैयार करके आर्किटेक्ट के रूप में अपनी पहचान बना चुके थे। उनकी रचनाधर्मिता को सब मान रहे थे। उन्होंने आगे चलकर सफ़दरजंग एयरपोर्ट, वेस्टर्न कोर्ट, ईस्टर्न कोर्ट, लोदी रोड के सरकारी फ़्लैट वग़ैरह के भी डिज़ाइन तैयार किए थे। रॉबर्ट टोर रसेल ने ही 1, 3, 5, 7 रेस कोर्स रोड (अब लोक कल्याण मार्ग) के बंगलों के भी डिज़ाइन बनाए। राजीव गांधी ने सन् 1984 में प्रधानमंत्री बनने के बाद इन सब बंगलों को एक-एक करके प्रधानमंत्री निवास में तब्दील कर दिया था।

रॉबर्ट टोर रसेल अप्रतिम आर्किटेक्ट थे। उनकी डिज़ाइन की हुई इमारतों में विविधता रहती थी। वह सीपीडब्लूडी यानी केन्द्रीय लोक निर्माण विभाग के चीफ़ आर्किटेक्ट थे। वह भारत आने से पहले ब्रिटिश सरकार की सेवा में थे। रॉबर्ट टोर रसेल के पिता एस.बी. रसेल (1864-1955) भी आर्किटेक्ट थे इसलिए माना जा सकता है कि पिता के पेशे से प्रभावित होकर रॉबर्ट टोर रसेल ने भी आर्किटेक्ट बनने के संबंध में सोचा होगा। वह सन् 1919 में भारत आए थे। उनके लिए सन् 1929 से सन् 1933 का समय बेहद ख़ास रहा। इस दौरान उन्होंने तीन मूर्ति भवन, वेस्टर्न-ईस्टर्न कोर्ट वग़ैरह के भी डिज़ाइन बनाए। भारत में लगभग बाइस वर्षों तक अतुलनीय काम करने के बाद सन् 1941 में सरकारी सेवा से रिटायर होने के बाद वह वापस अपने देश लौट गए। उनके जाने के बाद उनके डिज़ाइन पर लोदी रोड के डबल स्टोरी सरकारी घर बनाए गए। यह 1946 की बात है। इसे दिल्ली में गोरों की तरफ़ से बनाई गई अंतिम आवासीय कॉलोनी माना जाता है। इसे अब भी राजधानी के सरकारी बाबुओं की सबसे पसंदीदा जगहों में से एक माना जाता है।

रॉबर्ट टोर रसेल ब्रिटेन वापस लौटने के बाद ब्रिटिश सरकार के हाउसिंग मामलों के सलाहकार बने और 1954 में पूरी तरह से रिटायर हो गए। उन्होंने शेष जीवन अपनी पत्नी इथेल हैच के साथ गुज़ारा। उनका एक पुत्र और पुत्री भी थे। रॉबर्ट टोर रसेल का 1972 में निधन हो गया।

डिज़ाइन ग्रेगोरियन स्टाइल का

कनॉट प्लेस का डिज़ाइन ग्रेगोरियन स्टाइल का है। इसमें डिज़ाइन सिमेट्रिकल यानी एक-सा रखा जाता है। आप नोटिस कर सकते हैं कि सारे कनॉट प्लेस का डिज़ाइन एक समान है। कनॉट प्लेस पूरी तरह से स्लेटी रंग का है। अपनी भव्यता

और उम्दा डिज़ाइन के चलते कनॉट प्लेस के सामने अब भी कोई शॉपिंग सेंटर खड़ा नहीं होता। गोलाकार स्तंभों पर खड़ा कनॉट प्लेस अपूर्व और ख़ूबसूरत है। इधर शोरूमों के आगे घूमने वालों के लिए पर्याप्त स्पेस मिलता है। एक बात साफ़ कर दें कि साल 1960 के बाद कनॉट प्लेस में जनपथ, शंकर मार्केट, मोहन सिंह प्लेस, पालिका बाज़ार वग़ैरह बने। ज़ाहिर है, इनका रॉबर्ट टोर रसेल से कोई लेना-देना नहीं था।

उन्होंने कुछ प्राइवेट भवनों को भी डिज़ाइन किया था। इनमें पटौदी स्थित पटौदी हाउस भी है। यहां आजकल सैफ़ अली ख़ान-करीना कपूर बीच-बीच में सपरिवार रहने के लिए आते रहते हैं। दरअसल सैफ़ अली ख़ान के दादा इफ़्तिखार अली ख़ान के आग्रह पर रॉबर्ट टोर रसेल ने पटौदी हाउस को डिज़ाइन किया था। कहा जाता है कि भारतीय क्रिकेट टीम के पूर्व कप्तान इफ़्तिखार अली ख़ान पटौदी कनॉट प्लेस के आकर्षक डिज़ाइन से इतने प्रभावित हुए कि उन्होंने रॉबर्ट टोर रसेल को पटौदी हाउस को डिज़ाइन करने का काम सौंप दिया। दरअसल उस समय भारत में काम कर रहे ब्रिटिश आर्किटेक्ट फ्रीलांसिंग भी करते थे। पटौदी सीनियर कनॉट प्लेस को बचपन से ही देख रहे होंगे। उनका जन्म दरियागंज के पटौदी हाउस में 16 मार्च 1910 को हुआ था। एक पटौदी हाउस कनॉट प्लेस के पास अशोक रोड के पीछे भी था। अब उसके अवशेष ही दिखाई देते हैं। तो ज़ाहिर है कि इफ़्तिखार अली ख़ान पटौदी ने भी कनॉट प्लेस को कई बार नापा होगा।

भारत के प्रख्यात आर्किटेक्ट दीपक मेहता कहते हैं कि रॉबर्ट टोर रसेल के काम में विविधता उन्हें बाक़ियों से अलहदा खड़ा कर देती है। वह कनॉट प्लेस जैसे शॉपिंग सेंटर से लेकर तीन मूर्ति भवन तथा सफ़दरजंग एयरपोर्ट जैसी अलग-अलग इमारतों के डिज़ाइन बनाते हैं। ये सब एक-दूसरे से अलग हैं। इस तरह उनके काम की रेंज को समझा जा सकता है। अपने निर्माण के दशकों गुज़र जाने के बाद भी इन इमारतों को देखकर यह नहीं लगता कि ये पुरानी हो गई हैं। इनमें अब भी ताज़गी है। ये सभी समकालीन लगती हैं।

किसके नाम पर कनॉट प्लेस

कनॉट प्लेस का नाम किस शख़्स के नाम पर रखा गया? यह सवाल बार-बार पूछा जाता है। दरअसल प्रिंस आर्थर, ड्यूक ऑफ़ कनॉट का सम्राट जॉर्ज पंचम से क़रीबी रिश्ता था। अगर अंग्रेज़ी रिश्ते के हिसाब से समझाया जाए, तो वह सम्राट

जॉर्ज पंचम के अंकल थे। सम्राट जॉर्ज पंचम ने तीसरे दिल्ली दरबार में घोषणा की थी कि दिल्ली भारत की नई राजधानी होगी। उन्हीं की एक आदमक़द प्रतिमा इंडिया गेट की छतरी पर लगी थी। उसके स्थान पर वहां अब नेताजी सुभाष चंद्र बोस की आदमक़द मूरत स्थापित हो चुकी है। बहरहाल, दरबार कोरोनेशन पार्क में 11 दिसंबर 1911 को आयोजित हुआ था। जब इंडिया गेट का 10 फ़रवरी 1921 को उद्घाटन हुआ, तब प्रिंस आर्थर, ड्यूक ऑफ़ कनॉट मौजूद थे। उन्होंने अपनी उसी यात्रा के दौरान संसद भवन की भी आधारशिला 12 फ़रवरी 1921 को रखी थी।

प्रिंस आर्थर, ड्यूक ऑफ़ कनॉट (1 मई 1850-16 जनवरी 1942) क्वीन विक्टोरिया और प्रिंस अल्बर्ट की सातवीं संतान और तीसरे बेटे थे। वह कनाडा के गवर्नर जनरल भी रहे रहे। कनाडा के गवर्नर जनरल के रूप में उनका कार्यकाल 1916 में समाप्त हुआ। वह शाही परिवार के सदस्य के रूप में और एक वायसराय होने के नाते लगातार अहम ओहदों पर रहे। वह सेना में भी रहे और अंत में फ़ील्ड मार्शल के पद तक पहुंचे। दिल्ली के सबसे ख़ास बाज़ार और बिज़नेस सेंटर का नाम उन्हीं प्रिंस आर्थर, ड्यूक ऑफ़ कनॉट और स्ट्रैथर्न के नाम पर है। उनके बारे में दिल्ली विस्तार से भले ही ना जाने, पर उनका नाम तो लेती ही है।

कभी माधोगंज था कनॉट प्लेस

क्या आप मानेंगे कि आजकल जहां कनॉट प्लेस तथा संसद मार्ग आबाद हैं, वहां लगभग सौ साल पहले तक माधोगंज, जयसिंगपुरा और राजा का बाज़ार नाम के गांव थे। इन गांवों के बाशिंदों को हटाकर कनॉट प्लेस, संसद मार्ग, जनपथ आदि बने। उन गांववालों को करोल बाग के आसपास बसाया गया था। राजा का बाज़ार नाम का एक मोहल्ला अब भी मौजूद है। अब इसे राजा बाज़ार कहते हैं। यह शिवाजी स्टेडियम से सटा है। यहां एक प्राचीन जैन मंदिर भी है। इंद्रप्रस्थ कॉलेज की मैनेजिंग कमेटी के अध्यक्ष लाला नारायण प्रसाद बताते थे कि कनॉट प्लेस तथा इसके आसपास के इलाक़ों में कीकर के घने पेड़ हुआ करते थे। जंगली सूअर और हिरण घूमते थे। उन्होंने एक बालक के रूप में कनॉट प्लेस को बनते हुए देखा था। उनके परिवार ने ही राजधानी में लड़कियों का पहला स्कूल (इन्द्रप्रस्थ हिन्दू कन्या विद्यालय) तथा कॉलेज (इंद्रप्रस्थ कॉलेज) स्थापित किया था। लाला नारायण प्रसाद की छोटी बहन थीं स्वाधीनता सेनानी और मशहूर सामाजिक कार्यकर्ता सरला शर्मा।

रॉबर्ट टोर रसेल ने कनॉट प्लेस का डिज़ाइन तैयार करते वक़्त सुनिश्चित किया कि यहां के दुकानदार अपने शोरूम के ऊपर ही रहें इसलिए उन्होंने पहली मंज़िल में फ़्लैट के लिए जगह रखी। संभवत: यह देश का पहला डबल स्टोरी शॉपिंग सेंटर था। उनके सामने एक प्रस्ताव यह आया कि नई दिल्ली रेलवे स्टेशन वहां बनाया जाए, जहां अब सेंट्रल पार्क है, पर वह नहीं माने। यह बात अलग है कि दिल्ली मेट्रो के दौर में सेंट्रल पार्क के नीचे राजीव चौक मेट्रो स्टेशन बना। रॉबर्ट टोर रसेल की सिफ़ारिश पर बाद में पहाड़गंज में नई दिल्ली स्टेशन बना। वह मानते थे कि किसी भी बाज़ार के बीचोबीच पार्क होना ज़रूरी है, जहां शॉपिंग के बाद लोग कुछ लम्हे सुकून से बिता सकें। उन्होंने कनॉट प्लेस को इनर सर्किल, मिडिल सर्किल और आउटर सर्किल में बांटा।

कहां गए आई, ओ, जे ब्लॉक?

आप अपने किसी काम के सिलसिले में या शॉपिंग करने के लिए कनॉट प्लेस बार-बार आते-जाते हैं। आप राजधानी के इस सबसे महत्त्वपूर्ण प्रतीक के चप्पे-चप्पे से वाकिफ़ भी हैं, पर आपको यहां आई, ओ और जे ब्लॉक क्यों नहीं मिलते? कहां गए ये तीनों ब्लॉक? क्या कभी आपने सोचा? कनॉट प्लेस में शुरू में बारह ब्लॉक का निर्माण हुआ था। अंदर के वृत्त यानी सर्किल में छह ब्लॉक 'ए' से 'एफ़' और तथा बाहरी वृत्त में 'जी' से 'एन' ब्लॉक बने। इनमें आई, जे, ओ ब्लॉक नहीं रखे गए। ये ब्लॉक क्यों नहीं बने? इस सवाल का जवाब कोई नहीं देता। ज़ाहिर है, कोई बात तो होगी कि ये तीन ब्लॉक नहीं बने।

सन् 1933 में यहां बारह ब्लॉक बन कर तैयार हो गए। इसके बाद यहां 'पी' ब्लॉक बना, जहां कभी बेहद लोकप्रिय मद्रास होटल होता था। उसके बाद सिंधिया हाउस, जनपथ, जहां एयर इंडिया का दफ़्तर था या भीमजी झावेरी का शोरूम है और रीगल बिल्डिंग का निर्माण हुआ। नई दिल्ली नगरपालिका परिषद (एनडीएमसी) के पूर्व निदेशक मदन थपलियाल कहते हैं कि कनॉट प्लेस के सारे हिस्से बनकर तैयार हुए, तो 1935 में नई दिल्ली ट्रेडर्स एसोसिएशन बनी। यह कनॉट प्लेस के दुकानदारों और दफ़्तरों को चलाने वालों का संगठन है।

उन मज़दूरों को भी याद रखो

एक बार कनॉट प्लेस का डिज़ाइन तैयार हो गया, तो उसे खड़ा करना था। मशहूर लेखक खुशवंत सिंह के पिता सरदार सोबा सिंह को कनॉट प्लेस को बनाने की ज़िम्मेदारी मिली थी। सोबा सिंह ने राष्ट्रपति भवन के कुछ भागों के साथ-साथ सिंधिया हाउस, रीगल बिल्डिंग, वॉर मेमोरियल वग़ैरह का निर्माण किया था। खुशवंत सिंह बताते थे कि नई दिल्ली की प्रमुख इमारतों को खड़ा करने के लिए मज़दूर मुख्य रूप से राजस्थान से आए थे। इन्होंने ही कनॉट प्लेस को अपनी दिन-रात की मेहनत से खड़ा किया था। राजस्थानी मज़दूरों को बागड़ी कहा जाता था। राजधानी के निर्माण में हाथ बंटाने के लिए सरदार सोबा सिंह, नारायण सिंह, सेठ फ़तेह चंद जैसे ठेकेदार इन मज़दूरों के घरों में गए थे।

खुशवंत सिंह 'रोमांस ऑफ़ दिल्ली' में लिखते हैं, 'नई दिल्ली में काम करने वाले लगभग सभी मज़दूर राजस्थान के जयपुर, जोधपुर, भीलवाड़ा वग़ैरह से दिल्ली लाए गए थे। ये सपत्नीक आए थे। इन्हें शुरुआती दिनों में पहाड़ी धीरज में रहने की जगह मिली थी। ये सब अपने गांव-देहातों से पैदल ही दिल्ली आए थे। इन सीधे-सरल मज़दूरों को रोज़ एक रुपए और महिला श्रमिकों को अठन्नी मज़दूरी के लिए मिलते थे।'

सरकार ने इन मज़दूरों को सन् 1915 के बाद से करोल बाग के रैगरपुरा इलाक़े में रहने के लिए छोटे-छोटे प्लॉट देने शुरू कर दिए थे, जहां इन्होंने झुग्गियां बना ली थीं। हालांकि अब इनका राजस्थान से नाता समाप्त-सा हो गया है। ये करोल बाग के रविदास मंदिर के प्रति निष्ठा का भाव रखते हैं। अब राजधानी में इनकी तीसरी-चौथी पीढ़ियां मौजूद हैं। रविदास मंदिर में अब भी कुछ बुज़ुर्ग मिल जाते हैं, जो विस्तार से बताते हैं कि कैसे उनके पुरखे दिल्ली आए थे। वे तब रविदास मंदिर के आसपास ही मिला-जुला करते थे। वक़्त मिलने पर यहां आकर भजन-कीर्तन किया करते थे। इन सौ वर्षों के सफ़र में उन मज़दूरों की मौजूदा पीढ़ी का वर्ग चरित्र बदल गया है। सब शिक्षित हैं। सबके पास कामकाज है। उन मज़दूरों

के बच्चे आगे चलकर दिल्ली में मंत्री भी बने। दिल्ली में मदनलाल खुराना की कैबिनेट में मंत्री रहे सुरेन्द्र रातावाल के दादा राजस्थान से दिल्ली में मज़दूर के रूप में ही आए थे। रातावाल किरोड़ीमल कॉलेज में पढ़े। उनके पिता करोल बाग के सोशल वर्कर थे। सरदार सोबा सिंह का ख़्वाब था कि वह देश की नई राजधानी नई दिल्ली की ज़्यादा इमारतों को ठेकेदार के रूप में बनाएं।

अगर मज़दूर मुख्य रूप से राजस्थान से यहां आए थे, तो संगतराश आगरा और मिर्ज़ापुर से थे। कुछ भरतपुर से भी थे। ये सब पत्थरों पर नक्काशी और जालियों को बनाने के काम में उस्ताद थे। इनके पूर्वजों ने ही ताज महल, लाल क़िला, जामा मस्जिद जैसे महत्त्वपूर्ण स्मारकों का निर्माण किया था।

खुशवंत सिंह ने 'रोमांस ऑफ़ दिल्ली' में लिखा है, 'लछमन दास सच्चाई और नेक नीयती की मिसाल थे। उन्होंने संसद भवन के निर्माण में कभी घटिया सामग्री का इस्तेमाल नहीं किया। वह अपने मुलाज़िमों को वक़्त पर वेतन देते थे।' खुशवंत सिंह ने इतनी प्रशंसा तो अपने पिता सरदार सोबा सिंह की या अन्य किसी ठेकेदार की भी नहीं की थी। उन्होंने अपने पिता के कनॉट प्लेस को बनाने के संबंध में भी कभी कोई अलग से टिप्पणी नहीं की।

एक और ज़रूरी बात, सारा का सारा रीगल ब्लॉक कनॉट प्लेस क्षेत्र में होते हुए भी उससे अलग है। इसका निर्माण सरदार सोबा सिंह ने करवाया था। वह रीगल ब्लॉक के मालिक थे। उन्होंने इसे अपने प्रिय डिज़ाइनर वॉल्टर स्काईज़ जॉर्ज से डिज़ाइन करवाया था। वह गुणी और प्रयोगधर्मी आर्किटेक्ट थे। उन्होंने ही मिरांडा हाउस, सेंट स्टीफ़ंस कॉलेज, दिल्ली यूनिवर्सिटी के सबसे पुराने छात्रावास ग्वायर हॉल, सुजान सिंह पार्क को भी डिज़ाइन किया था। इन सबके डिज़ाइन में आपको बहुत कुछ समान मिलेगा। उदाहरण के रूप में वह ईंटों पर सीमेंट का लेप करवाने से बचे। वॉल्टर स्काईज़ जॉर्ज ने रीगल (1932), ग्वायर हॉल (1937), सेंट स्टीफ़ंस कॉलेज (1941), सुजान सिंह पार्क (1945) और अंत में मिरांडा हाउस (1948) को डिज़ाइन किया। ये सभी इमारतें बेहतरीन हैं।

आपको रीगल ब्लॉक में 'दि शॉप' नाम का शोरूम मिलेगा। यह शोरूम अपने आप में इसलिए ख़ास है क्योंकि इसे सरदार सोबा सिंह के पौत्र परमिंदर सिंह चलाते हैं। उन्हें सब पम्मी भी कहते हैं। 'दि शॉप' को कनॉट प्लेस की पहली बुटीक शॉप भी माना जाता है। यह सरदार सोबा सिंह के जीवनकाल में चालू हो

गई थी। यहां आपको मिलेंगी बेडशीट, तकिए के कवर, घर सजाने का सामान और गिफ़्ट आइटम वग़ैरह। 'दि शॉप' के अंदर जाते ही एक अलग तरह का एहसास होता है। इसकी साज-सज्जा कुछ हटकर है। यह शोरूम भी 1984 में दंगाइयों के निशाने पर था, पर जैसे-तैसे बच गया था।

'पी' ब्लॉक का वह हॉकर

कनॉट प्लेस के 'पी' ब्लॉक का ज़िक्र आएगा, तो अख़बारों के उस हॉकर की अवश्य बात होगी, जिसने आगे चलकर अख़बारों-पत्रिकाओं और किताबों की बेहद मक़बूल बुक शॉप सेंट्रल न्यूज़ एजेंसी (सीएनए) शुरू की। उनका नाम था आर.पी. पुरी। यहां निर्मल वर्मा, खुशवंत सिंह, इंद्रकुमार गुजराल और विष्णु प्रभाकर जैसे हज़ारों-लाखों शब्दों के शैदाई बार-बार आते रहे। सीएनए में जब भी कोई व्यक्ति नौकरी के लिए पहुंचता, तो उसे बता दिया जाता कि इधर आने वाले किसी ग्राहक को पढ़ने से किसी भी हालत में रोका न जाए। अगर किसी ने कभी इस तरह की गुस्ताख़ी की, तो उसकी नौकरी चली जाएगी।

आर.पी. पुरी सच्चे कर्मयोगी थे। उन्होंने सन् 1938 में कनॉट प्लेस, मिंटो रोड, जहांगीर रोड, टेगौर रोड वग़ैरह में हॉकर का काम शुरू किया था। वह दिन में कनॉट प्लेस के किसी बरामदे में अख़बार-मैगज़ीन बेचते थे। बेहद ज़िंदादिल आर.पी. पुरी बताते थे, 'मैं अपने स्कूली दिनों में बहुत इंटेलिजेंट स्टूडेंट था। क्लास में हमेशा फ़र्स्ट ही आता था। कई सपने थे ज़िंदगी में कुछ कर गुज़रने के, पर पिताजी की अकाल मौत के बाद वे तमाम सपने चकनाचूर हो गए। घर की माली हालत ठीक नहीं थी। नतीजा यह हुआ कि पढ़ाई छोड़ी। अख़बार बेचने पड़े। हॉकर बनना पड़ा इसलिए मैं चाहता हूं कि सीएनए में आने वाले किसी ग्राहक पर ख़रीदारी का दबाव न रहे। कोई जब तक चाहे पढ़े, चाहे तो ख़रीदारी कर ले।'

सीएनए ऐसी बुक शॉप है, जहां आपको आपके मन की हर किताब मिलेगी। यहां आप आएं और किसी मशहूर लेखक की नई-पुरानी किताब के बारे में सेल्स विभाग से पूछें और आपको जवाब 'ना' में मिले, यह नहीं हो सकता। यही नहीं, यहां आपको देशभर की तमाम भाषाओं के अख़बार भी मिलेंगे।

इंडियन कॉफ़ी हाउस में रोज़ दोस्तों के साथ गप-शप मारने के लिए जाने से पहले 'आवारा मसीहा' के लेखक विष्णु प्रभाकर सीएनए का चक्कर लगा लेते थे।

वह बताते थे, 'सीएनए में जाकर अच्छा महसूस करता हूं। लगता है कि सीएनए को इस बात की परवाह नहीं होती कि कोई किताब बिकेगी या नहीं। वे उसका ऑर्डर दे देते हैं, ताकि ग्राहक निराश न हो।' इसी वजह से सीएनए से ही भारत के राष्ट्रपति, उप राष्ट्रपति, प्रधानमंत्री और तमाम मंत्रियों के घरों और दफ़्तरों में पत्र-पत्रिकाओं की सप्लाई होती है। इसी तरह से भारत के देश से बाहर स्थित सभी दूतावासों और उच्चायोगों में और राजधानी में स्थित तमाम देशों के उच्चायोगों-दूतावासों में पत्र-पत्रिकाएं सीएनए से ही सप्लाई होती हैं। सीएनए जैसी दुकानों से ही कनॉट प्लेस ख़ास बनता है।

आर.पी. पुरी के पास अनगिनत क़िस्से थे। वह सीएनए के अपने दफ़्तर में बैठकर दोस्तों से गपशप भी करते रहते थे। पाकिस्तान के तत्कालीन राष्ट्रपति परवेज़ मुशर्रफ़ 2001 में दिल्ली आए, तो आर.पी. पुरी ने मुझे फ़ोन करके फ़ौरन सीएनए बुलाया। वहां पहुंचा, तो वह कहने लगे, 'विवेक, तुम्हें मुशर्रफ़ के अब्बा से जुड़ा एक क़िस्सा सुनाना है।' मैंने कहा, 'सुनाइए।' अब वह चाय पीते हुए अगस्त, 1947 में चले गए। कहने लगे,

'देश की आज़ादी और बंटवारे की तिथि घोषित हो चुकी थी। सारे देश में आज़ादी की उमंग और बंटवारे को लेकर निराशा का मिला-जुला भाव था। तारीख़ रही होगी दो या तीन अगस्त, 1947। मैं उस दिन मिंटो रोड के एक घर में सुबह अख़बार डालकर साइकिल से आगे जाने लगा, तो पीछे से किसी ने आवाज़ दी। मैंने साइकिल रोकी, तो वहां एक सरकारी फ़्लैट में रहने वाले सईद मुशर्रफ़उद्दीन खड़े थे। मैं उनके पास गया। उनके चेहरे के भाव काफ़ी गंभीर नज़र आ रहे थे। वह कहने लगे कि पुरी साहब, अब हमारे घर में अख़बार डालना बंद कर दो। आपके साथ हमारा बहुत अच्छा मेल-जोल रहा। अब हम यहां से पाकिस्तान जा रहे हैं।' उन्होंने आगे बताया कि जब परवेज़ मुशर्रफ़ पाकिस्तान के राष्ट्रपति बने, तो उन्हें लगा कि वह उन्हीं सईद मुशर्रफ़उद्दीन साहब के पुत्र होंगे। उन्होंने मुशर्रफ़ का प्रोफ़ाइल चेक किया, तो उनके पिता का नाम सईद मुशर्रफ़उद्दीन ही निकला।

कनॉट प्लेस से शिमला!

एक दौर था, जब कनॉट प्लेस और शिमला का बेहद क़रीबी रिश्ता हुआ करता था। कनॉट प्लेस के शुरुआती दौर के शोरूम मालिकों के शिमला में भी शोरूम हुआ करते थे और शोरूम के नाम भी एक जैसे। उदाहरण के रूप में, गेंदामल हेमराज डिपार्टमेंटल स्टोर, किन्से ब्रदर्स (फ़ोटो स्टूडियो), शिमला स्टूडियो, दीवान चंद ड्रेपर्स वग़ैरह। ऐसा इसलिए था क्योंकि दिल्ली में सरकारी दफ़्तर अप्रैल से अक्टूबर तक बंद रहते थे या कहें कि शिफ़्ट होकर शिमला चले जाते थे।

कनॉट प्लेस में शॉपिंग के लिए गोरे या ऊंचे ओहदों पर आसीन सरकारी नौकरी करने वाले हिन्दुस्तानी ही आते थे। ये सब गर्मियों में शिमला शिफ़्ट हो जाते थे, यानी गर्मियों में कनॉट प्लेस सुनसान हो जाता था। ये बातें सन् 1933 से सन् 1946 तक की हैं। हालांकि देश की आज़ादी के बाद भारत सरकार के सभी दफ़्तर स्थायी रूप से दिल्ली से ही काम करने लगे, तो कनॉट प्लेस के दुकानदारों का भी कुछ महीनों तक शिमला में शिफ़्ट होना बंद हो गया।

सिर्फ कनॉट प्लेस के शोरूम मालिक ही शिमला शिफ़्ट नहीं होते थे, कनॉट प्लेस से सटे राजा बाज़ार का यूनियन एकेडमी स्कूल और मंदिर मार्ग स्थित हरकोर्ट बटलर स्कूल भी गर्मियों में शिमला चले जाते थे। इनमें अधिकतर सरकारी बाबुओं के ही बच्चे पढ़ा करते थे। इन स्कूलों के अध्यापक और दूसरा स्टाफ़ भी शिमला जाता था। हरकोर्ट बटलर स्कूल के पूर्व छात्र कृष्ण कुमार गोपाल भार्गव ने बताया कि जब वह 1960 के दशक में हरकोर्ट बटलर स्कूल में पढ़ रहे थे तब उनके कई अध्यापक उस दौर की बातें करते थे, जब स्कूल कुछ महीनों के लिए दिल्ली से शिमला चला जाता था।

हरकोर्ट बटलर स्कूल नई दिल्ली का पहला सरकारी स्कूल माना जाता है। यह सन् 1917 में बना था। इस स्कूल में सन् 1917 से सन् 1947 तक उर्दू और फ़ारसी भी पढ़ाई जाती थी, पर 1947 में देश के विभाजन का इस पर गहरा असर हुआ।

यहां के दर्जनों बच्चे और कुछ अध्यापक पाकिस्तान चले गए। बदले में आने लगे रिफ़्यूजी परिवारों के बच्चे। उर्दू और फ़ारसी पढ़ने की सुविधा ख़त्म हो गई। इसमें कनॉट प्लेस के इरविन रोड (अब बाबा खड़क सिंह मार्ग) और कनॉट प्लेस में रहने वाले परिवारों के बच्चे ख़ासी तादाद में पढ़ा करते थे।

अंग्रेज़ी से दूर

रॉबर्ट टोर रसेल जब कनॉट प्लेस का डिज़ाइन तैयार कर रहे होंगे, तब उन्होंने ख़्वाब में भी नहीं सोचा होगा कि यहां आगे चलकर अंग्रेज़ी सुनने के भी लाले पड़ जाएंगे। जब यह सन् 1933 में बनकर तैयार हुआ, तो यहां घूमने और ख़रीदारी के लिए आमतौर पर गोरे ही आते थे। गोरे यहां बहुत से शोरूम चलाते भी थे। आज़ादी के कई वर्षों के बाद भी अंग्रेज़ीदां हिन्दुस्तानी इधर आते-घूमते। हिन्दी बोलने वालों के लिए मानो सिर्फ रीगल बिल्डिंग में चलने वाला खादी भवन ही एक जगह थी। हां, इंडियन कॉफ़ी हाउस में बैठने वाले लेखक, पत्रकार, कवि वग़ैरह हिन्दी में ही बतियाते थे। लेकिन अब कनॉट प्लेस से अंग्रेज़ी ग़ायब है। यहां घूमते हुए अब हर किसी की जुबान से लगभग हिन्दी ही सुनने को मिलती है। देखने में बिलकुल मॉडर्न नौजवानों से लेकर बड़े-बुज़ुर्ग हिन्दी में ही गुफ़्तुगू करते मिलते हैं। ये सब अंग्रेज़ी जानते हैं, पर लगता है कि ये बेवजह अंग्रेज़ी बोलना पसंद नहीं करते। इन्हें अपने को बाक़ियों से अलग सिद्ध करने के लिए अंग्रेज़ी बोलने की जरूरत नहीं है। 1990 के दशक के आसपास तक यहां आने वाले बहुत से हिन्दुस्तानियों में भी जैसे गोरों की आत्मा समा जाती थी, जो उनसे अंग्रेज़ी बुलवाती थी लेकिन मौजूदा पीढ़ी उस हीन भावना से मुक्त है।

कनॉट प्लेस में ही है सस्ता साहित्य मण्डल का दफ़्तर। यह देश की प्रमुख प्रकाशक संस्था है। सस्ता साहित्य मण्डल ने हिन्दी की स्तरीय किन्तु अत्यन्त सस्ती पुस्तकें छापकर हिन्दी साहित्य एवं हिन्दीभाषी जनता का उपकार किया है। इसने अन्य भाषाओं का उत्तम साहित्य भी अनुवाद करके हिन्दी में उपलब्ध कराया है।

इतिहास इन पेट्रोल पंपों पर

नई दिल्ली में उस समय दो सौ कारें भी नहीं होंगी, जब कनॉट प्लेस बनकर तैयार हुआ था। उस समय कारें या तो ब्रिटिश अफ़्सरों के पास थीं या बहुत पैसे वाले हिन्दुस्तानियों के पास। कनॉट प्लेस के लगभग सभी पेट्रोल पंप सन् 1940 से पहले चालू हो गए थे। अगर बात सबसे पुराने पेट्रोल पंप की करें, तो यह कनॉट प्लेस के एम ब्लॉक में है। इसका लाइसेंस नंबर 01 है। इसी के आसपास जनपथ पर मॉडर्न सर्विस स्टेशन खुल गया था। यहां मुख्य रूप से गोरों की कारों में पेट्रोल भरता था।

दरअसल उस दौर में दिल्ली कनॉट प्लेस के आसपास या इसके लगभग दस किलोमीटर की दूरी में ही सिमटी हुई थी। ग्रामीण इलाक़ों में शायद ही किसी के पास कार होती हो। कनॉट प्लेस के अधिकतर पंपों को ग़ौर से देखेंगे, तो समझ आ जाएगा कि इन्हें स्थापित हुए एक अरसा गुज़र गया है। इन पंपों का माहौल गुज़रे दौर की यादें ताज़ा करता है। यहां के मुलाज़िम भी आमतौर पर बुज़ुर्ग हैं। सबने अपनी ज़िंदगी के 35-40 साल इन्हीं पेट्रोल पंपों पर काम करते हुए गुज़ार दिए हैं। इन्होंने एंबेसेडर और फ़िएट कारों के युग को देखा, मारुति-800 का एकछत्र राज देखा और अब रोज़ बाज़ार में आने वाली नई लग्ज़री कारों को देख रहे हैं। इन्होंने स्कूटर से बाइक के युग को भी आते-जाते देखा है।

कनॉट प्लेस के सर्किल से ज़रा-सा बाहर निकलें, तो कस्तूरबा गांधी मार्ग के कोने पर एक पेट्रोल पंप है। यह सिंधिया हाउस पर स्थित है। यहां पेट्रोल डालने वाली दो पाइप लगी हैं। यह इतनी छोटी जगह में बना हुआ है कि अधिकतर लोगों को तो मालूम ही नहीं चल पाता कि यहां भी कोई पेट्रोल पंप है। यहां कोई सर्विस स्टेशन भी नहीं है। इससे बहुत दूर नहीं है टॉलस्टॉय मार्ग का पेट्रोल पंप। यह दीवार से इतना सटा है कि मानो दीवार के अंदर ही चला जाएगा। यहां भी एक साथ कई वाहनों गें पेट्रोल डाले जाने की व्यवस्था नहीं है। एक छोटे से पेट्रोल पंप को आप अब कनॉट प्लेस में उजाड़ हालत में खड़ी सुपर बाज़ार की इमारत के

पीछे भी देख सकते हैं। इसका नाम है राजधानी फ़िलिंग स्टेशन। यहां भी दो ही पेट्रोल डालने वाली पाइप हैं। यह सन् 1965 में चालू हुआ था। कनॉट प्लेस के आसपास लगभग दस पेट्रोल पंप हैं।

कनॉट प्लेस के अधिकतर पंपों पर सीएनजी गैस नहीं मिलती क्योंकि इनके पास स्पेस ही नहीं है कि ये उसे बेच सकें।

स्माइल प्लीज़

दिल्लीवालों की फ़ैमिली एलबम में इनकी खींची हुई फ़ोटो लाज़िमी तौर पर मिल जाती हैं। यह भी बिलकुल संभव है कि आपके स्कूल या कॉलेज की किसी ग्रुप फ़ोटो को इनमें से किसी फ़ोटो स्टूडियो के कैमरामैन ने खींचा हो। कनॉट प्लेस के म्हाटा एंड कंपनी, किन्से ब्रदर्स, रंगून स्टूडियो या दिल्ली फ़ोटो स्टूडियो में खींची फ़ोटो लगभग हरेक दिल्लीवाले के घर में हुआ करती थीं। ये दिल्ली को उसके अलग-अलग रंगों में अपने कैमरों में क़ैद कर रहे थे। ये सेल्फ़ी और फ़ोटो पर 'लाइक' करने के दौर से पहले फ़ोटोग्राफ़ी की दुनिया के आदरणीय नाम थे।

अब ये कनॉट प्लेस के इतिहास का हिस्सा बन चुके हैं। इन सब फ़ोटो स्टूडियो के शटर गिर गए हैं। कनॉट प्लेस के एम ब्लॉक के म्हाटा एंड कंपनी के सन् 2015 में बंद होने के साथ ही एक तरह से मील का पत्थर ढह गया था। म्हाटा एंड कंपनी के फ़ोटोग्राफ़रों ने ही अभिषेक बच्चन-ऐश्वर्या राय की शादी की तस्वीरें ली थीं। इस तरह का म्हाटा एंड कंपनी का दावा था।

कनॉट प्लेस सिर्फ दीवारों, ईंटों और गारे से मिलकर इतना मशहूर नहीं हुआ। इसे एक ख़ास मुकाम मिला म्हाटा एंड कंपनी जैसी दुकानों के होने की वजह से। इन्होंने क्वॉलिटी के साथ कभी समझौता नहीं किया। ये अपने ग्राहकों से जीवनभर का संबंध बनाती थीं।

म्हाटा एंड कंपनी में महारानी गायत्री देवी आती थीं या यहां के फ़ोटोग्राफ़र को बुलाती थीं। एम.एफ़. हुसैन को भी म्हाटा एंड कंपनी से ही अपनी फ़ोटो खिंचवाना पसंद था। म्हाटा एंड कंपनी को सबसे पहले अमरनाथ मेहता ने सन् 1911 में श्रीनगर में शुरू किया था। फिर उनके पुत्र मदन म्हाटा ने म्हाटा के नाम को आगे बढ़ाया और स्थापित किया। उनका 2014 में निधन हो गया था। उसके बाद उनके दोनों पुत्र क्रमश: पवन और पंकज इसे बुलंदियों पर लेकर गए। कनॉट

प्लेस में 1951 में शुरू हुए म्हाटा स्टूडियो के खाते में बहुत से कीर्तिमान थे। जैसे कि यह देश का पहला फ़ोटो स्टूडियो था, जिसने 1954 में नेगेटिव से पॉज़िटिव कलर प्रिंटिंग का श्रीगणेश कर दिया था। मदन म्हाटा फ़ख़्र के साथ बताते थे कि दिल्ली का एलीट उनसे शादी की फ़ोटो खिंचवाने के लिए कोई भी क़ीमत देने को तैयार हो जाता था। मदन म्हाटा ने लंदन जाकर फ़ोटोग्राफ़ी की बारीकियों को सीखा था।

अमरनाथ मेहता ने स्टूडियो के नाम को अपने सरनेम से कुछ हटकर इसलिए रखा था क्योंकि तब गोरे उनका नाम मेहता की जगह म्हाटा ही लेते थे। अमरनाथ मेहता ने श्रीनगर के बाद गुलमर्ग, पहलगाम और रावलपिंडी में भी अपने स्टूडियो खोले। सब जगहों पर उनके स्टूडियो का नाम-सम्मान था। वह अपने साथ सर्वश्रेष्ठ फ़ोटोग्राफ़रों को ही जोड़ा करते थे। देश के बंटवारे के बाद राजधानी में लाहौर, रावलपिंडी और पाकिस्तान के पंजाब प्रांत के लाखों लोग आए। ये सब म्हाटा एंड कंपनी से ही अपनी फ़ोटो खिंचवाने लगे। आख़िर ये इस नाम से परिचित थे।

दरअसल उस दौर में कनॉट प्लेस के बाहर कश्मीरी गेट में ए.आर. दत्त स्टूडियो तथा रामनाथ स्टूडियो ही नामचीन फ़ोटो स्टूडियो हुआ करते थे। म्हाटा एंड कंपनी से पहले रीगल बिल्डिंग में शिमला स्टूडियो, जनपथ में रंगून स्टूडियो और दिल्ली फ़ोटो स्टूडियो बंद हो गए थे। इन सबने भी दिल्लीवालों को ख़ूब कहा 'स्माइल प्लीज़'। किन्से स्टूडियो ए ब्लॉक में सन् 1935 से चल रहा था। यह किन्से नाम के एक अंग्रेज़ का था। वह भारत के आज़ाद होते ही वापस ब्रिटेन लौट गए थे। किन्से ने अपने मुलाज़िम बी.के. दिलवाली को अपना स्टूडियो सौंप दिया था। बी.के. दिलवाली ने ग्वालियर के महाराजा जीवाजीराव सिंधिया के लिए भी काम किया था। बी.के. दिलवाली के पुत्र और ख़ुद शानदार फ़ोटोग्राफ़र अशोक दिलवाली बताते हैं कि महाराजा सिंधिया उनके पिता को लेकर बहुत स्नेह का भाव रखते थे क्योंकि उनके पिता महाराजा सिंधिया के साथ धाराप्रवाह मराठी बोल लेते थे।

दिलवाली साहब का सरनेम तो गुप्ता था, पर वह दिलवाली लिखने लगे थे। बी.के. दिलवाली के बाद उनके पुत्र अशोक दिलवाली ने किन्से फ़ोटो स्टूडियो को चलाया। फिर उन्होंने भी हाथ खड़े कर दिए। क्यों? अशोक दिलवाली कहते हैं, 'मोबाइल के दौर में सब फ़ोटोग्राफ़र हो गए हैं, इसलिए हमारी किसी को ज़रूरत नहीं है। हमारे पास लोग पीढ़ी दर पीढ़ी आते रहे थे लेकिन मोबाइल कैमरे के दौर में स्थितियां बदल गई हैं इसलिए हमारा भी काम करने का मन नहीं

रहा।' अशोक दिलवाली को हिमालय की वादियों पर किए उनके विशिष्ट काम के लिए जाना जाता है। मॉडर्न स्कूल तथा श्रीराम कॉलेज ऑफ़ कॉमर्स से शिक्षित अशोक दिलवाली ने फ़ोटोग्राफ़ी पर अनेक पुस्तकें लिखी हैं। अशोक दिलवाली के बड़े भाई कैलाश दिलवाली शिमला स्टूडियो के मालिक थे।

टाइम्स ऑफ़ इंडिया में लंबे समय तक फ़ोटो जर्नलिस्ट रहे श्री कमलजीत सिंह कहते हैं कि कनॉट प्लेस के फ़ोटो स्टूडियो से जुड़े फ़ोटोग्राफ़रों का विज़ुअल सेंस बेहतरीन था। वे रंगों से प्यार करते थे, जो अच्छा फ़ोटोग्राफ़र बनने के लिए पहली शर्त होती है इसलिए ही वे दिल्ली में दशकों तक छाए रहे।

कनॉट प्लेस के फ़ोटो स्टूडियो इस बात के लिए मशहूर थे कि वे जब किसी शादी की असाइनमेंट लेते थे, तो अपने क्लाइंट को साफ़ बता देते थे कि उन पर कोई बाराती किसी ख़ास पोज़ में फ़ोटो लेने के लिए दबाव नहीं बनाएगा, यानी यह नहीं कहेगा कि 'यहां की फ़ोटो लो' या 'वहां की फ़ोटो लो।' इन सबका मानना था कि फ़ोटोग्राफ़ी कभी कैमरे से नहीं की जा सकती। वह तो दिल और दिमाग़ के तालमेल से ही संभव है। म्हाटा स्टूडियो से जुड़े फ़ोटोग्राफर मानते थे कि अच्छी फ़ोटो वही है, जिसमें आप सुंदरता को बिगाड़ने के बजाय और भी बेहतरीन ढंग से पेश करें। फ़ोकस सुंदरता पर करें और लेंस या तकनीक की मदद से वास्तविक सुंदरता में किसी तरह का बदलाव न करें। हर फ़ोटो के लिए टेली ज़ूम लेंस का इस्तेमाल नहीं करना चाहिए। यदि फ़ोकस दूर हो, तो ही इसका प्रयोग करें। यह दुनिया बहुत बड़ी है इसलिए आप गहराई में उतरकर काम करें।

कनॉट प्लेस से हटकर कश्मीरी गेट के पास अलीपुर रोड पर ए.आर. दत्त स्टूडियो और रामनाथ फ़ोटो स्टूडियो के भी जलवे रहे। ए.आर. दत्त ने सन् 1940 में फ़ोटो स्टूडियो खोला था। दत्त साहब ग्रुप फ़ोटो लेने के उस्ताद थे। पहली लोकसभा से लेकर पिछली लोकसभा या राज्य सभा के सदस्यों के ग्रुप फ़ोटो उन्होंने या उनके पुत्रों ने लिए थे। वह भारत के अंतिम वायसराय लॉर्ड माउंटबेटन के भी फ़ोटोग्राफ़र थे। ए.आर. दत्त के दिवंगत होने के बाद उनके पुत्रों ने भी कुछ वर्षों तक स्टूडियों को आगे बढ़ाया, पर तीसरी पीढ़ी ने हाथ खड़े कर दिए। उन्होंने भी अलीपुर रोड का स्टूडियो बंद कर दिया था। ए.आर.दत्त ने एक बार बताया था कि उन्होंने कभी कनॉट प्लेस में स्टूडियो शुरू करने के बारे में नहीं सोचा क्योंकि उनका कश्मीरी गेट से ही बेहतरीन काम चलता था।

रामनाथ फ़ोटो स्टूडियो का शहीद भगत सिंह से संबंध रहा। शहीद भगत सिंह की हैट वाली फ़ोटो को सारे देश ने देखा है। उस हैट में शहीद भगत सिंह ने फ़ोटो रामनाथ फ़ोटो स्टूडियो में ही खिंचवाई थी। तब उनके साथ बटुकेश्वर दत्त ने भी हैट में फ़ोटो खिंचवाई थी। यह बात 4 अप्रैल 1929 की है। इन दोनों क्रांतिकारियों ने चार दिन बाद यानी 8 अप्रैल को केंद्रीय असेंबली (अब संसद भवन) में बम फेंका था। बम फेंकने के बाद उन्होंने गिरफ़्तारी दी और उनके ख़िलाफ़ मुक़दमा चला। ग़ौर करें कि इससे पहले शहीद भगत सिंह की हैट में कोई फ़ोटो नहीं मिलती। शहीद भगत सिंह और बटुकेश्वर दत्त के साथ हिन्दुस्तान सोशलिस्ट रिपबल्किन आर्मी (एचएसआरए) के सदस्य जयदेव कपूर भी रामनाथ फ़ोटो स्टूडियो गए थे। कहते हैं कि कपूर ने ही उस हमले की रणनीति बनाई थी।

भगत सिंह और बटुकेश्वर दत्त की हैट में फ़ोटो लेने वाला रामनाथ फ़ोटो स्टूडियो कश्मीरी गेट में सेंट जेम्स चर्च के पास ठीक वहां होता था, जहां ख़ैबर नाम से एक मशहूर रेस्तरां भी चलता था। भगत सिंह के जीवन पर लंबे समय से शोध कर रहे वरिष्ठ लेखक राजशेखर व्यास ने 1980 में रामनाथ फ़ोटो स्टूडियो से दोनों क्रांतिकारियों की फ़ोटो ख़रीदी थी। वह बताते हैं कि रामनाथ स्टूडियो के बाहर ही भगत सिंह की बड़ी-सी फ़ोटो लगी हुई थी। बहरहाल, बम फेंकने की घटना के बाद रामनाथ फ़ोटो स्टूडियो पर भी पुलिस बार-बार पूछताछ के लिए आने लगी थी। जयदेव कपूर ने उपर्युक्त फ़ोटो और नेगेटिव बाद में रामनाथ फ़ोटो स्टूडियो में जाकर लिए थे। बहुत साफ़ है कि शहीद भगत सिंह और बटुकेशवर दत्त बम फेंकने के लिए बारास्ता केंद्रीय असेंबली कनॉट प्लेस ही गए होंगे।

क्या आप जानते हैं, 1942 में जब भारत छोड़ो आंदोलन के समय कनॉट प्लेस में गोरों के शोरूमों को आज़ादी के मतवाले फूंक रहे थे, तब उन्होंने किन्से ब्रदर्स को भी क्षति पहुंचाई थी। कारण यह था कि किन्से का मालिक एक गोरा शख़्स था।

बैंक ही बैंक

कनॉट प्लेस 1960 के मध्य के बाद बैंकिंग की दुनिया का हब बनकर उभरा। आपको कनॉट प्लेस के चप्पे-चप्पे पर बैंकों की शाखाएं, एटीएम और दूसरे विभागों के दफ़्तर मिलेंगे। स्टेट बैंक ऑफ़ इंडिया, पंजाब नेशनल बैंक और एचडीएफ़सी बैंक की कनॉट प्लेस में दस से अधिक शाखाएं हैं। कनॉट प्लेस को छूने वाले संसद मार्ग को तो कुछ लोग बैंक स्ट्रीट कहने लगे हैं। हालांकि बैंक स्ट्रीट करोल बाग में है। संसद मार्ग के बैंक स्ट्रीट में हर रोज़ हज़ारों बैंककर्मी नौकरी करने के लिए आते हैं। संसद मार्ग पर रिज़र्व बैंक, बैंक ऑफ़ बड़ौदा, इलाहाबाद बैंक, पंजाब नेशनल बैंक, स्टेट बैंक ऑफ़ इंडिया आदि के मुख्य क्षेत्रीय कार्यालय हैं। इधर ही जीवन तारा बिल्डिंग में केंद्र सरकार के बैंकिंग सेक्रेटरी का भी दफ़्तर है।

अप्रतिम प्रतिमाएं

रिज़र्व बैंक ऑफ़ इंडिया की संसद मार्ग स्थित बिल्डिंग के बारे में कहा जा सकता है कि यह इस सारे इलाक़े में किसी बैंक की पहली बड़ी और महत्त्वपूर्ण इमारत है। इसके गेट पर 14 फ़ीट ऊंची यक्ष और यक्षिणी की मूर्तियाँ स्थापित हैं। इन दोनों मूर्तियों को बनाया था महान मूर्ति शिल्पी रामकिंकर बैज ने। वह इन मूर्तियों को रफ़ी मार्ग के पास के एक खाली प्लॉट पर बनाया करते थे। इन्हें बनाने में क़रीब दस वर्ष लगे थे। रामकिंकर शाम को काम ख़त्म करने के बाद कनॉट प्लेस में घूमने के लिए चले जाते थे। यह जानकारी प्रोफ़ेसर वीरेन्द्र नाथ वधवा देते हैं। वह तब रिज़र्व बैंक में ही काम करते थे। उन्होंने बाद में रिज़र्व बैंक को छोड़कर दिल्ली यूनिवर्सिटी ज्वॉइन कर ली थी।

यदि आप दिल्ली में रहते हैं, तो आपने रामकिंकर बैज की संसद मार्ग पर स्थित रिज़र्व बैंक ऑफ़ इंडिया की इमारत के बाहर लगी यक्ष और यक्षिणी की आदमक़द प्रतिमाओं को अवश्य देखा होगा। यह नहीं हो सकता कि कोई उन

प्रतिमाओं को देखकर अभिभूत ना हुआ हो, वहां पर कुछ पल ना ठहरा हो। आधुनिक भारतीय मूर्ति कला के जनक थे रामकिंकर बैज। उन्होंने बड़े ही मन से इन्हें तैयार किया था। इन प्रतिमाओं को तैयार करने के लिए पत्थर लेने उन्होंने कई हफ़्ते हिमाचल प्रदेश के बैजनाथ नाम के स्थान की ख़ाक छानी थी। अब यक्ष और यक्षिणी की आदमक़द मूर्तियों को लगे आधी सदी हो रही है। ये मूर्तियां 1970 में स्थापित की गई थीं।

रामकिंकर बैज ने यक्ष-यक्षिणी के अलावा कोई और प्रतिमा संभवत: दिल्ली में नहीं बनाई। क्यों नहीं बनाई, यह भी एक सवाल तो है। वह संत प्रवृत्ति के इंसान थे। अपनी शर्तों पर काम करते थे। उन्हें किसी का हस्तक्षेप स्वीकार नहीं था। उनकी कृतियां यक्ष और यक्षिणी कुषाण काल से प्रभावित मानी जाती हैं। रामकिंकर बैज का जन्म 1906 में बंगाल के बांकुरा ज़िले में हुआ था। उन्होंने शांति निकेतन में मूर्ति कला की शिक्षा ग्रहण की थी। वहां उन्हें नंदलाल बोस जैसे महान कला मनीषी और शिक्षक का मार्गदर्शन प्राप्त हुआ। उन्होंने शांति निकेतन के मूर्तिकला विभाग में प्रमुख के पद पर कार्य भी किया। वह पहले भारतीय मूर्तिकारों में थे, जिन्होंने सीमेंट को माध्यम बनाकर काम किया। उनसे पहले पत्थर, मिट्टी, लकड़ी और धातु ही मूर्ति कला के प्रचलित माध्यम थे।

कुबेर का ख़ज़ाना और टाटा

यह मान्यता है कि कुबेर के ख़ज़ाने की रक्षा यक्ष और यक्षिणी करते हैं। इस विचार के आधार पर टाटा समूह के तत्कालीन चेयरमैन जेआरडी टाटा ने भारत सरकार को रिज़र्व बैंक ऑफ़ इंडिया की इमारत के बाहर यक्ष और यक्षिणी की मूर्तियां स्थापित करने का सुझाव दिया था। जब टाटा ने उपर्युक्त सलाह दी थी, तब वह भी रिज़र्व बैंक ऑफ़ इंडिया बोर्ड में थे। रामकिंकर ने इन मूर्तियों को बनाने से पूर्व देश के बहुत से संग्रहालयों में स्थापित यक्ष और यक्षिणी की मूर्तियों का गहराई से अध्ययन भी किया था।

रिज़र्व बैंक की इस बिल्डिंग के बेसमेंट में कैश रहता है। शुरू-शुरू में इसकी चौथी मंज़िल पर ही रिज़र्व बैंक के दिल्ली कार्यालय के प्रमुख और गवर्नर का आवास भी होता था। जब गवर्नर दिल्ली में होते, तो वह अपने इसी आवास में ठहरते थे।

रिज़र्व बैंक ऑफ़ इंडिया की बिल्डिंग 1956 में बनकर तैयार हुई थी। अगर रिज़र्व बैंक की बिल्डिंग यहां की पहली ख़ास इमारत के रूप में सामने आई थी, तो कनॉट प्लेस के रीगल ब्लॉक के आगे खड़ी बैंक ऑफ़ बड़ौदा की इमारत 1970 में बनते ही कनॉट प्लेस की एक लैंडमार्क बिल्डिंग के रूप में स्थापित हो गई। आप कह सकते हैं कि कनॉट प्लेस और इसके आसपास जैसे कस्तूरबा गांधी मार्ग और बाराखंभा रोड की यह पहली मॉडर्न मल्टी स्टोरी बिल्डिंग थी। इस सफ़ेद रंग की बिल्डिंग की एंट्री बेहद शानदार है। कुछ सीढ़ियां चढ़ने के बाद आप बिल्डिंग में पहुंचते हैं। बिल्डिंग में सूरज की रोशनी के लिए पर्याप्त स्पेस निकाला गया है इसलिए अंदर आपको स्वाभाविक रोशनी मिलती है। हर मंज़िल पर वॉशरूम की भी व्यवस्था है, ताकि बाहर से आने वालों को दिक़्क़त ना हो।

नई दिल्ली ट्रेडर्स एसोसिएशन के अध्यक्ष अतुल भार्गव कहते हैं कि कनॉट प्लेस के अंदर अधिकतर बैंक आउटर सर्किल में हैं। कारण यह है कि इनर सर्किल में स्पेस बहुत महंगा है। इस बीच, कनॉट प्लेस में बैंकों के साथ-साथ इंश्योरेंस कंपनियों के अनेक दफ़्तरों के अलावा भारतीय जीवन बीमा निगम (एलआईसी) की जीवन भारती बिल्डिंग का होना इस बात की गवाही है कि यह इलाक़ा इंश्योरेंस सेक्टर की भी प्राण और आत्मा है। जीवन भारती बिल्डिंग का डिज़ाइन चार्ल्स कोरिया ने बनाया था। वह एक से बढ़कर एक बेहतरीन और कल्पनाशीलता से लबरेज़ इमारतों के आर्किटेक्ट थे। कोरिया ने विशाल जीवन भारती बिल्डिंग के अलावा कस्तूरबा गांधी मार्ग पर ब्रिटिश काउंसिल लाइब्रेरी बिल्डिंग का डिज़ाइन भी तैयार किया था। वह मुंबई के रहने वाले थे। इनकी इमारतों में भव्यता है। वह हरियाली के लिए स्पेस चाहते थे।

कोरिया को आप स्वंतत्र भारत के सबसे प्रयोगधर्मी आर्किटेक्ट की श्रेणी में रख सकते हैं। आमतौर पर किसी भी इमारत की सीढ़ियों की क्वॉलिटी पर बात नहीं होती। कोरिया की इमारतों में सीढ़ियों को ख़ास तवज्जो मिलती है। उनकी सीढ़ियां चौड़ी हैं। दो सीढ़ियों के बीच का अंतर बेहद मामूली है। कह सकते हैं कि वह बीमार या गर्भवती औरतों को लेकर बेहद सेंसेटिव थे। वह उन इमारतों को ख़ारिज कर देते थे, जिनमें सीढ़ियां यूज़र फ्रेंडली नहीं होतीं। आप अगर कभी जीवन भारती बिल्डिंग में गए हों, तो आपको ज़रूर मालूम होगा कि कितनी शानदार बिल्डिंग कनॉट प्लेस में खड़ी है।

कौन जोड़ता है दो बैंकों को?

रिज़र्व बैंक ऑफ़ इंडिया और संसद मार्ग पर बैंक ऑफ़ बड़ौदा बिल्डिंग का डिज़ाइन प्रयोगधर्मी आर्किटेक्ट एन.के. कोठारी ने बनाया था। वह 1950 के शुरू में मुंबई से दिल्ली में आकर बसे थे। देखा जाए तो दिल्ली और मुंबई के बीच प्रतिभाओं का आदान-प्रदान लगातार जारी रहा। अगर दिल्ली ने मुंबई को शाहरुख खान भेंट किया, तो मुंबई ने दिल्ली को एन.के. कोठारी दिया। यह संयोग ही है कि कोठारी ने ही शाहरुख खान के सेंट कोलंबस स्कूल का डिज़ाइन भी बनाया था। आर्किटेक्चर क्षेत्र के जानने वालों को पता है कि जो आर्किटेक्ट कमर्शियल बिल्डिंग का डिज़ाइन बनाने में महारत हासिल कर लेते हैं, वे फिर उसी तरफ़ काम करते हैं। कोठारी को कमर्शियल इमारतों के डिज़ाइन बनाने में बहुत मक़बूलियत मिली थी। इन्होंने स्कूल की बिल्डिंग के भी श्रेष्ठ डिज़ाइन बनाए।

एन.के. कोठारी के पुत्र अनूप कोठारी ने भी कनॉट प्लेस एरिया और राजधानी की कुछ उम्दा इमारतों के डिज़ाइन बनाए। अनूप कोठारी ने बाराखंभा रोड की अपने समय की सबसे ऊंची इमारत हंसालय (88 मीटर ऊंची) तथा संसद मार्ग पर पीटीआई बिल्डिंग के भी डिज़ाइन बनाए थे। ये दोनों इमारतें डिज़ाइन के लिहाज़ से राजधानी की सर्वोत्तम इमारतों में शुमार होती हैं। इनमें देश-दुनिया की चोटी की कंपनियों के दफ़्तर हैं। उनके डिज़ाइन में तड़क-भड़क नहीं है, गरिमा है। वह इस लिहाज़ से कनॉट प्लेस के डिज़ाइनर रॉबर्ट टोर रसेल से प्रभावित लगते हैं।

बहरहाल, कुछ समय पहले तक आप जब कनॉट प्लेस के गोल चक्कर से होते हुए संसद मार्ग पर आते थे, तो रीगल बिल्डिंग के ख़त्म होते ही सड़क की दायीं तरफ़ इलाहाबाद बैंक की बिल्डिंग मिलती थी। एक तरह से यह इस इलाक़े की लैंडमार्क बिल्डिंग थी। इसे देखते हुए राजधानी की कई पीढ़ियां बड़ी हुई हैं। दिल्लीवाले एक-दूसरे को कहा करते थे, 'इलाहाबाद बैंक के आगे या पास मिलते हैं।' पर अब इलाहाबाद बैंक बिल्डिंग में इलाहाबाद बैंक नहीं रहा। 1 अप्रैल 2020 को इलाहाबाद बैंक के इंडियन बैंक में विलय के बाद इस बिल्डिंग में इंडियन बैंक के बैनर और बोर्ड ही दिखाई देते हैं। मानकर चलिए कि कनॉट प्लेस एरिया की एक महत्त्वपूर्ण बिल्डिंग का पुराना नाम इतिहास के पन्नों में देर-सवेर चला ही जाएगा। फिर इलाहाबाद भी तो अब प्रयागराज हो गया है।

इसी इलाहाबाद बैंक की बिल्डिंग में एक ज़माने में चार्टर्ड बैंक का भी दफ़्तर हुआ करता था। चूंकि इलाहाबाद बैंक बिल्डिंग की लोकेशन बेहतरीन है, तो यहां कई मशहूर उद्योगपतियों के भी दफ़्तर रहे हैं। इनमें सरदार रौनक सिंह भी थे। उनके पुत्र ओंकार सिंह कंवर अपोलो टायर्स के चेयरमैन हैं। रौनक सिंह 1947 में सीमा के उस पार से दिल्ली आए थे। तब ओंकार सिंह कंवर गोद में थे। उस वक़्त उनका परिवार गोल मार्केट में एक कमरे के घर में रहता था। रौनक सिंह ने 85 नेताजी सुभाष मार्ग के दफ़्तर से बिज़नेस के संसार में दस्तक दी थी। वह फ़िक्की के अध्यक्ष भी रहे। इसी इलाहाबाद बैंक बिल्डिंग में के.बी. परसाई नाम के ज्योतिषी का भी दफ़्तर था। परसाईजी बड़े विद्वान इंसान थे। वह श्रीमती इंदिरा गांधी के भी क़रीबी थे। उनकी पुत्री गार्गी परसाई हिन्दुस्तान टाइम्स और दि हिन्दू में वरिष्ठ पत्रकार रहीं।

नागरवाला बैंक घोटाला

संसद मार्ग की स्टेट बैंक बिल्डिंग का पहले ज़िक्र हो चुका है। इसी में देश का बेहद सनसनीखेज़ नागरवाला बैंक घोटाला हुआ था। यह बात 24 मई 1971 की है। सुबह दस बजे तक स्टेट बैंक के चीफ़ कैशियर वेद प्रकाश मल्होत्रा दफ़्तर आ गए थे। तपती गर्मी से आए थे। पानी पीने और पसीना पोंछने के बाद अपनी ज़रूरी फ़ाइलें देखने लगे। उन्हें क्या पता था कि कुछ समय के बाद उनके बैंक में 60 लाख रुपए का घोटाला हो जाएगा। मल्होत्रा के पास दिन में 11 बजे से कुछ पहले एक फ़ोन आया। दूसरी तरफ़ से जो शख़्स बोल रहा था, उसने अपना नाम पी.एन. हक्सर बताया। कहा, 'मैं प्रधानमंत्री इंदिरा गांधी का प्रधान सचिव बोल रहा हूं। बांग्लादेश के एक सीक्रेट मिशन के लिए फ़ौरन 60 लाख रुपए चाहिए।' इसके बाद उस शख़्स ने मल्होत्रा से कहा, 'लो, इंदिरा गांधीजी से बात कर लो।' अब इंदिरा गांधी की आवाज़ में किसी ने वही कहा, जो पहले हक्सर कह चुके थे। मल्होत्रा को निर्देश दिया गया कि वह 60 लाख रुपए उस शख़्स को सौंप दें, जो एक कोड वर्ड 'बांग्लादेश का बाबू' कहे। मल्होत्रा ने अपनी सीट पर खड़े होकर जवाब दिया, 'जी माताजी।'

मल्होत्रा ने इस संक्षिप्त बातचीत के बाद अपने मातहत डिप्टी चीफ़ कैशियर आर.सी. बतरा और कुछ अन्य स्टाफ़ को तुरंत बुलाया। उनसे कहा कि साठ लाख रुपए के बंडल बनाएं। प्रधानमंत्री के दफ़्तर से डिमांड आई है। तब के साठ लाख रुपए आज के सौ करोड़ रुपए के बराबर होंगे। बंडल बनाने के बाद

मल्होत्रा ने लिखित औपचारिकताएं पूरी कीं। फिर वह दफ़्तर की एंबेसडर कार से तय स्थान, यानी सरदार पटेल मार्ग पर गए। उनके साथ उनका एक सहयोगी भी था। वहां एक लंबे-चौड़े शख़्स ने वही कोड वर्ड बोला। मल्होत्रा ने उसे नोटों से भरा बैग थमा दिया। उसने मल्होत्रा से कहा कि पीएम हाउस से पैसे की रसीद ले लो। अब मल्होत्रा 1, सफ़दरजंग रोड स्थित प्रधानमंत्री आवास पहुंचे। वहां पता चला कि प्रधानमंत्री संसद भवन में हैं। तब मल्होत्रा ने हक्सर से बात की। हक्सर ने कहा कि उन्होंने तो कोई फ़ोन किया ही नहीं था। यह सुनते ही मल्होत्रा के पैरों के नीचे से ज़मीन खिसक गई थी।

संसद मार्ग थाने में

मल्होत्रा तुरंत संसद मार्ग थाने पहुंचे। उन्हें सफ़दरजंग रोड से संसद मार्ग थाने पहुंचने में दस मिनट से ज़्यादा नहीं लगे होंगे। वह जब वहां पहुंचे, तो थाने का स्टाफ़ अपने रोज़मर्रा के काम निपटा रहा था। संसद मार्ग थाने के बाहर सड़क पर कोई ख़ास ट्रैफ़िक नहीं था। तब तक राजधानी की सड़कें वाहनों से अटी नहीं रहती थीं। बता दें कि सन् 1913 में बने संसद मार्ग थाने में ही शहीद भगत सिंह और बटुकेश्वर दत्त के ख़िलाफ़ 8 अप्रैल 1929 को केन्द्रीय असेम्बली (अब संसद भवन) में बम फेंकने के आरोप में केस दर्ज हुआ था।

बहरहाल, मल्होत्रा ने केस की रिपोर्ट लिखवाई। केस की गंभीरता को समझते हुए थाने के सहायक पुलिस अधीक्षक डी.के. कश्यप तथा इंस्पेक्टर हरिदेव के नेतृत्व में एक टीम का गठन किया गया। ये दोनों दिल्ली पुलिस के तेज़-तर्रार अफ़सर थे। कश्यप और उनकी टीम ने देखते ही देखते उस टैक्सी की पहचान कर ली, जिसमें रुस्तम सोहराब नागरवाला नाम का शख़्स नोट लेने आया था। नागरवाला के बारे में तफ़्तीश के दौरान पता चला कि वह भारतीय सेना में कैप्टन रहने के बाद गुप्तचर एजेंसी रॉ से भी जुड़ा रहा था।

इस बीच पुलिस को टैक्सी ट्राइवर ने बताया कि उसने नागरवाला को डिफ़ेंस कॉलोनी में छोड़ा था। पुलिस को यह भी पता चला कि नागरवाला ने न्यू राजेन्द्र नगर के एक घर में जाकर एक सूटकेस लिया था। दिल्ली पुलिस उसके संभावित ठिकानों पर छापे मार रही थी। जांच में पता चला कि नागरवाला शाम को दिल्ली गेट की पारसी धर्मशाला आ सकता है। यही हुआ। नागरवाला के शाम को वहां आते ही पुलिस ने उसे धर दबोचा। कसरती बदन वाले कश्यप ने नागरवाला को

कसकर दो-तीन चांटे रसीद किए। इतने में ही वह बेहाल हो गया। उससे सारा पैसा भी बरामद हो गया।

संदिग्ध मौतें किसकी?

हालांकि कश्यप और नागरवाला की अकाल मौत से नागरवाला बैंक घोटाला हमेशा-हमेशा के लिए संदिग्ध हो गया। कश्यप की 20 नवंबर 1971 को एक सड़क हादसे में मौत हो गई। उधर नागरवाला को तिहाड़ जेल में तबीयत ख़राब होने के बाद इरविन अस्पताल (अब जीबी पंत अस्पताल) में दाख़िल किया गया। वहां उसकी 2 मार्च 1972 को मृत्यु हो गई। हरिदेव का 2019 में निधन हो गया था। वह चाण्क्यपुरी थाने के एसएचओ भी रहे थे। मल्होत्रा को डिसमिस कर दिया गया था। क्या उन्होंने इस सवाल का जवाब दिया होगा कि उसने किससे पूछकर 60 लाख रुपए फ़ोन पर मिले निर्देश के बाद एक अनजान शख़्स को थमा दिए थे?

1977 में केन्द्र में जनता पार्टी की सरकार आने के बाद पी. जगमोहन रेड्डी आयोग गठित किया गया नागरवाला बैंक घोटाले की गुत्थी सुलझाने के लिए। उसने इस केस से जुड़े कई पात्रों से पूछताछ की, पर वह भी किसी ठोस निष्कर्ष पर नहीं पहुंच सका था।

बैंक में खिलाड़ी

संसद मार्ग स्थित स्टेट बैंक ऑफ़ इंडिया की बिल्डिंग की एक ख़ास बात यह भी रही कि इसमें समय-समय पर कई मशहूर राष्ट्रीय और अंतरराष्ट्रीय स्तर के खिलाड़ियों ने भी काम किया। भारतीय क्रिकेट टीम के पूर्व कप्तान बिशन सिंह बेदी और 1983 की वर्ल्ड कप विजयी टीम के सदस्य यशपाल शर्मा ने इसी बिल्डिंग में साथ-साथ बैठकर काम किया। स्टेट बैंक में आने वाले कस्टमर और दूसरे लोग देश के इन दो बेहतरीन क्रिकेट खिलाड़ियों को यहां बैठा देखकर ख़ुश हो जाते थे। कई तो इनसे ऑटोग्राफ़ भी लेने लगते थे। यशपाल शर्मा पर्सनल डिपार्टमेंट में थे। बिशन सिंह बेदी ने सिर्फ स्टेट बैंक ऑफ़ इंडिया में ही नौकरी की थी जबकि यशपाल शर्मा स्टेट बैंक ज्वॉइन करने से पहले फूड कॉर्पोरेशन ऑफ़ इंडिया (एफ़सीआई) में थे। इन दोनों के पास लंच के समय स्टेट बैंक में काम करने वाले अन्य खिलाड़ी भी आ जाया करते थे।

इसी बिल्डिंग में अशोक मल्होत्रा और दिल्ली की रणजी ट्रोफ़ी टीम के खिलाड़ी सुरेश लूथरा ने भी काम किया। लूथरा मीडियम पेसर थे। वह खब्बू थे। इसी बिल्डिंग में टेबल टेनिस के राष्ट्रीय चैंपियन मंजीत दुआ भी काम करते थे। मंजीत दुआ ने 1973 में चेन्नई में आयोजित राष्ट्रीय टेबल टेनिस चैंपियनशिप में एकल खिताब जीतकर तहलका मचा दिया था। वह तब लगभग 18 साल के थे। इतनी कम उम्र में कोई टेबल टेनिस का राष्ट्रीय चैंपियन नहीं बना था। देव नगर के खालसा स्कूल और फिर हिन्दू कॉलेज के स्टूडेंट रहे मंजीत दुआ को याद है कि उस बड़ी कामयाबी के बाद वह दिल्ली के खेल हलकों में सुपर स्टार के रूप में उभरे थे। उनके खेल को देखने के लिए तालकटोरा स्टेडियम में दर्शकों की भीड़ रहा करती थी। मंजीत दुआ के करियर का शिखर था 1976 की नेशनल टेबल टेनिस चैंपियनशिप।

यशपाल शर्मा जब यहां थे, तब उनके सबसे घनिष्ठ मित्र फ़ुटबॉल में भारत की तरफ़ से खेल चुके अनादि बरुआ हुआ करते थे। यशपाल शर्मा हर साल गर्मियों का मौसम शुरू होते ही अपनी बुलेट मोटरसाइकिल पर अनादि को लेकर करोल बाग टी-शर्ट ख़रीदने के लिए जाते थे। दिल्ली की फ़ुटबॉल में अनादि बरुआ जैसी बुलंदियों को हाल के दौर में किसी ने नहीं छुआ। वह 1986 के सियोल में आयोजित एशियन गेम्स में भाग लेने वाली भारतीय टीम के सदस्य थे। अनादि भारत की महिला फ़ुटबॉल टीम के कोच भी रहे हैं। उन्होंने लंबे समय तक स्टेट बैंक में नौकरी की। इसी स्टेट बैंक बिल्डिंग में दिल्ली फ़ुटबॉल की जान एन.के. भाटिया का भी दफ़्तर था। वह पिछले 50-55 साल से राजधानी की फ़ुटबॉल की हर छोटी-बड़ी घटना के साक्षी हैं। वह उभरते खिलाड़ियों के गाइड हैं, उनकी मदद करते हैं ताकि उन्हें स्तरीय कोचिंग मिले।

पंजाब एंड सिंध बैंक का कनॉट प्लेस के एच ब्लॉक में 1966 से हेड ऑफ़िस ही रहा। यहीं बैंक के दो दिग्गजों सरदार अवतार सिंह बग्गा और सरदार इंद्रजीत सिंह जैसे अफ़सर बैठा करते थे। पंजाब एंड सिंध बैंक का हेड ऑफ़िस आगे चलकर बी ब्लॉक में शिफ़्ट हो गया था। हालांकि उसकी एच ब्लॉक वाली ब्रांच चलती रही। पंजाब एंड सिंध बैंक से लंबे समय तक जुड़े रहे सरदार कुलबीर सिंह बताते हैं कि सरदार इंद्रजीत सिंह, सरदार स्वर्ण सिंह, जी.एस. ढिल्लन, सुरजीत सिंह मजीठिया, बहादुर उज्ज्वल सिंह वग़ैरह के सक्रिय सहयोग से राजधानी में भाई वीर सिंह साहित्य सदन की स्थापना सन् 1958 में की गई थी।

एंग्लो इंडियन कहां!

कनॉट प्लेस पर जान निसार करते हैं राजधानी के एंग्लो इंडियन। वजह है यहां के-48 में इनका अपना क्लब है। नाम है गिडनी क्लब। यहां राजधानी के एंग्लो इंडियन आते-जाते हैं। इसे ये अपना दूसरा घर ही मानते हैं। यहां आकर, बैठकर इन्हें अच्छा लगता है। यह क्लब 1935 से चल रहा है, यानी कनॉट प्लेस के 1933 में शुरू होने के कुछ वर्षों बाद ही यह चालू हो गया था। दिल्ली के एंग्लो इंडियन गिडनी क्लब में बर्थडे पार्टीज़ और क्रिसमस के दौरान ख़ासतौर पर आते हैं। ये हर साल 26 दिसंबर को साउथ दिल्ली के फ्रेंक एंथनी स्कूल भी आते हैं। मौक़ा होता है क्रिसमस डांस का।

कनॉट प्लेस के कोलाहल और आपाधापी से दूर गिडनी क्लब में आपको कुछ लोग ताश की बाज़ी लगाते मिल जाएंगे। यहां कई मेज़ें लगी हैं। यहां आकर लगता है कि आप एक अलग दौर में आ गए हैं।

दिल्ली के इतिहासकार और दि स्टेट्समैन के एडिटर (न्यूज़) रहे आर.वी. स्मिथ हरेक बुधवार को गिडनी क्लब में दोस्तों के साथ बैठा करते थे। यहां गपशप होती थी। स्मिथ साहब कहते थे कि गिडनी क्लब हमारे (एंग्लो इंडियन) समाज का अड्डा है। गिडनी क्लब की दीवारों पर राजधानी के गुज़रे दौर की बहुत-सी एंग्लो इंडियन हस्तियों की फ़ोटो टंगी हैं।

फ्रेंक एंथनी राजधानी के एंग्लो इंडियन समाज के संरक्षक ही नहीं, सारे हिन्दुस्तान के एंग्लो इंडियन समाज के मार्गदर्शक थे। वह कई बार राज्य सभा के लिए नोमिनेट भी हुए। उनकी भी गिडनी क्लब में फ़ोटो लगी हुई है। दिल्ली के बुज़ुर्ग एंग्लो इंडियन फ्रेंक एंथनी को याद करते हुए कहते हैं, एंथनी साहब अपने लोगों के सुख-दुख में शामिल होते थे।

फ्रेंक मूल रूप से जबलपुर से थे। उन्हें सांसद के रूप में फ़िरोज़शाह रोड में बंगला मिल हुआ था। वह संविधान सभा के सदस्य भी थे। उन्होंने ही साउथ

दिल्ली में फ़्रेंक एंथनी स्कूल खोला था। 1975 तक इसकी पांचवीं तक ही कक्षाएं वहीं चलती थी, जहां गिडनी क्लब है। फ़्रेंक एंथनी भी गिडनी क्लब में लगातार आकर बैठा करते थे। उन्हें 1942 में ऑल इंडिया एंग्लो-इंडियन एसोसिएशन का अध्यक्ष चुना गया। उन्होंने इस आधार पर भारत के विभाजन का विरोध किया था कि इससे अल्पसंख्यक समुदायों के हितों को नुक़सान होगा। जब भारत का भविष्य ब्रिटिश, हिंदू और मुस्लिम नेताओं द्वारा तय किया जा रहा था, तब उन्होंने महात्मा गांधी, सरदार वल्लभभाई पटेल और जवाहरलाल नेहरू के सामने एंग्लो-इंडियन समाज का मामला प्रस्तुत किया। उन्हें पहली, दूसरी, तीसरी, चौथी, पांचवीं, सातवीं, आठवीं, दसवीं और ग्यारहवीं लोकसभा में नोमिनेट किया गया था।

राजधानी के एंग्लो इंडियन समाज में प्रोफ़ेसर सिडनी रिबेरो भी बेहद ख़ास नाम है। वह दिल्ली यूनिवर्सिटी में दशकों अंग्रेज़ी पढ़ाते रहे हैं। रिबेरो का परिवार शायद दिल्ली का सबसे पुराना एंग्लो इंडियन परिवार है। यह परिवार सन् 1909 से दिल्ली में है। प्रोफ़ेसर रिबेरो की मां श्रीमती मैरी रिबेरो कश्मीरी गेट और फिर जीपीओ जैसे महत्त्वपूर्ण डाकघरों की चीफ़ रहीं।

कुछ साल पहले तक दिल्ली आकाशवाणी के वेस्टर्न म्यूज़िक विभाग की जान थे इग्यून ब्रेयन नाम के एंग्लो इंडियन सज्जन। उनका राजधानी में वेस्टर्न म्यूज़िक में दिलचस्पी रखने वालों के बीच ख़ासा सम्मान था। उनका अपना बैंड भी था। बैंड राजधानी के कई होटलों में नियमित रूप से अपने कार्यक्रम पेश करता था। मशहूर लेखक पत्रकार कीथ फ़्लोरी भी एंग्लो इंडियन थे। वह दि स्टेट्समैन अख़बार के चीफ़ रिपोर्टर थे। दरअसल दिल्ली में कहा जाता था कि एंग्लो इंडियन दि स्टेट्समैन ही पढ़ते हैं। बहरहाल, ये सब गिडनी क्लब में अपने दोस्तों और परिवारों के साथ जाया करते थे।

दिल्ली के एंग्लो इंडियन सन् 1980 के दशक तक मुख्य रूप से कश्मीरी गेट, निकलसन रोड और मोरी गेट में ही रहते थे। ये तब कश्मीरी गेट या जीपीओ डाकघरों में काम करते थे इसलिए कोशिश रहती थी कि आसपास के इलाक़ों में ही रहें। प्रोफ़ेसर सिडनी रिबेरो बताते हैं, 'मेरी मां जिस दौर में दिल्ली के डाकघरों में काम करती थी, उस समय बहुत ही कम महिलाएं नौकरी करती थीं। चूंकि हमारे समाज में पढ़ने-लिखने की परम्परा पुरानी रही है इसलिए महिलाओं को नौकरी करने के लिए हमेशा प्रेरित किया जाता रहा।' प्रोफ़ेसर रिबेरो की मां

श्रीमती मैरी रिबेरो सन् 1965 में रिटायर हो गई थीं। मैरी रिबेरो 1940 के दशक में जब जीपीओ में थीं, तब वहां 31 मुलाज़िम थे और उनमें वही एकमात्र महिला थीं।

अब कश्मीरी गेट या मोरी गेट में शायद ही कोई एंग्लो इंडियन परिवार रहता हो। सब राजधानी और एनसीआर के अलग-अलग भागों में रहने लगे हैं। सिडनी रिबेरो सरिता विहार चले गए हैं लेकिन सबको गिडनी क्लब जोड़ता है। कश्मीरी गेट और मोरी गेट में रहने वाले एंग्लो इंडियन भी गिडनी क्लब में कुछ समय मस्ती में बिताने के लिए आया करते थे।

एंग्लो इंडियन समाज की युवा पीढ़ी हर रविवार को गोल डाकखाना स्थित सेकरेड हार्ट चर्च में भी प्रेयर के लिए जाना पसंद करने लगी है। नई-पुरानी पीढ़ी में एक बात समान है कि सब गिडनी क्लब को पसंद करते हैं। चूंकि यह दिल्ली के दिल में है, तो सबके लिए यहां आना सुविधाजनक होता है। आर.वी. स्मिथ साहब का परिवार सन् 1950 के दशक में आगरा से दिल्ली आया था। वह कहते थे, एंग्लो इंडियन उसे माना जाता है, जिसका पिता या घर का कोई पुरुष मूल रूप से यूरोपियाई हो।

दिल्ली के एंग्लो इंडियन दो-तीन दशक पहले तक गिडनी क्लब में अंग्रेज़ी में ही बातचीत करते थे, पर अब वह बात नहीं रही है। अब अंग्रेज़ी का स्थान हिन्दी ने ले लिया है। अब आपको गिडनी क्लब में हिन्दी सुनने को मिल जाती है।

एंग्लो इंडियन किस तरह अपनी पहचान बचाए हुए हैं?

'हमारा भारतीयकरण हो रहा है और मिडिल क्लास हिन्दुस्तानी वेस्टर्न सोसायटी और कल्चर से प्रभावित हो रहे हैं। अब हमारे क्रिसमस डांस पर हिन्दी फ़िल्मों के गीत भी बजने लगे हैं। पहले सिर्फ वेस्टर्न म्यूजिक पर ही हमारे पैर थिरकते थे।' किथ फ़्लोरी कहते थे। वह बेहतरीन अंग्रेज़ी लिखते-बोलते थे। फ़्लोरी साहब दिल्ली के चप्पे-चप्पे से वाक़िफ़ थे।

दिल्ली के अधिकतर एंग्लो इंडियन मूल रूप से चेन्नई, कोलकाता और मुंबई से हैं। हां, इन्हें अब यहां बसे हुए दशकों हो गए हैं। ये अस्सी और नब्बे के दशक तक सरकारी विभागों में नौकरियां कर रहे थे और कनॉट प्लेस के पास टेलीग्राफ़ लेन, हरीशचंद्र माथुर लेन, अतुल ग्रोव रोड के सरकारी मकानों में भी रहा करते थे। तब तो इनका गिडनी क्लब में ख़ासा आना-जाना रहता था, पर इनकी मौजूदा

पीढ़ी सरकारी नौकरियों को लेकर कोई बहुत उत्साहित नहीं रही। उसे कोरपोरेट दुनिया में नौकरी करना ज़्यादा पसंद है।

भले ही इनका काफ़ी भारतीयकरण हो गया हो, पर एंग्लो इंडियन परिवारों के सदस्य लंच या डिनर डायनिंग टेबल पर ही बैठकर करना पसंद करते हैं। पारसियों के विपरीत एंग्लो इंडियन उदारवादी हैं। ये अपने उन सदस्यों का बहिष्कार नहीं करते, जो ग़ैर-एंग्लो इंडियन से विवाह कर लेते हैं।

अगर बात गिडनी क्लब से हटकर करें, तो राजधानी की छोटी-सी एंग्लो इंडियन बिरादरी को कश्मीरी गेट की सेंट जेम्स चर्च में हर रविवार को जाना पसंद है। इसे एक एंग्लो इंडियन सैनिक जेम्स स्किनर ने प्रोटेस्टेंट मत को मानने वाले ईसाइयों के लिए बनवाया था। स्किनर पहले ग्वालियर महाराजा के पास नौकरी करते थे। उन्होंने बाद में ईस्ट इंडिया कंपनी की नौकरी कर ली थी। दिल्ली के पहले और कश्मीरी गेट के सबसे ख़ास लैंडमार्क सेंट जेम्स चर्च का निर्माण 1836 में हो गया था। पहली जंग-ए-आज़ादी में सेंट जेम्स चर्च के गुम्बद को नुकसान पहुंचा था। स्किनर को सेंट जेम्स चर्च में ही दफ़्न किया गया था। उनकी सन् 1841 में मृत्यु हो गई थी। वह तब 64 साल के थे।

कनॉट प्लेस के गिडनी क्लब का नाम एंग्लो इंडियन समाज के पुराण पुरुष सर हेनरी गिडनी (9 जुलाई 1873-5 मई 1942) के नाम पर रखा गया था। वह पेशे से डॉक्टर थे। उन्होंने 1926 में अखिल भारतीय एंग्लो-इंडियन एसोसिएशन की स्थापना की थी। उन्हें सन् 1931 में सर की उपाधि दी गई थी।

बूट पॉलिश

राजकपूर की 1954 में रिलीज़ हुई फ़िल्म 'बूट पॉलिश' के पात्र भोला जैसे बच्चे कनॉट प्लेस में आराम से देखने को मिलते हैं। फ़िल्म के विपरीत असल ज़िंदगी में भोला जैसे किसी बच्चे के साथ उसकी बहन बेलू या कोई और लड़की नहीं होती। ये कनॉट प्लेस में जगह-जगह लकड़ी के बने एक डिब्बे के साथ बैठे होते हैं, जिसमें अलग-अलग रंगों की पॉलिश, ब्रश और कपड़े होते हैं। ये इन्हीं से अपने ग्राहकों के जूते और सैंडिल वग़ैरह चमकाते हैं। बूट पॉलिश करने वालों की उम्र आमतौर पर 15 साल से 55 साल तक की होती है। इनमें से कई तो कनॉट प्लेस में बूट पॉलिश का काम करते हुए अधेड़ हो गए हैं।

यों तो आपको कनॉट प्लेस के लगभग सभी इलाक़ों में बूट-पॉलिश करने वाले मिलेंगे, पर इनर सर्किल में ये काफ़ी तादाद में होते हैं। आख़िर कनॉट प्लेस की जान तो इनर सर्किल ही है। इधर भी ये किसी मशहूर रेस्तरां या बड़े शोरूम के आसपास मिलेंगे। रिवोली और मोहन सिंह प्लेस के आसपास ये सबसे ज़्यादा दिखाई देते हैं। इस सारे इलाक़े में दिन भर काफ़ी गतिविधि रहती है। हज़ारों लोग आते-जाते हैं। यहां सिनेमा, मंदिर, कॉफ़ी हाउस भी हैं। ये अपने आसपास से गुज़रने वालों से जूते-सैंडिल पॉलिश करवाने का आग्रह करते हैं। इन्हें काम मिलता रहता है। अपने हर ग्राहक से ये 30-40 रुपये तक ले लेते हैं। इस तरह दिन में कम से काम तीन-चार सौ रुपए का जुगाड़ हो जाता है। इनमें से कुछ सेंट्रल पार्क भी चले जाते हैं, ताकि वहां बैठे लोगों के जूते चमका दें। बूट पॉलिश करने वाले ये लोग आमतौर पर करोल बाग, आनंद पर्वत और यमुनपार में रहते हैं।

मेरा जूता है जापानी... लो जी अब देखो चमक जूते की

कनॉट प्लेस में बूट पॉलिश करने वाले नए-पुराने गाने गाते हुए अपना काम करते हैं। इनका पसंदीदा गाना तो 'मेरा जूता है जापानी फिर भी दिल है हिंदुस्तानी...' है।

ये पॉलिश करते हुए ग्राहक से उसका हालचाल भी पूछते रहते हैं। उसके दोस्त बन जाते हैं। उसका विज़िटिंग कार्ड भी ले लेते हैं। पहले इन्हें शादियों के सीज़न के अलावा लोग अपने घरों में होने वाले आयोजनों में भी बुला लिया करते थे, ताकि मेहमानों के शूज़ और सैंडिल पॉलिश हो जाएं। किसी शादी-पार्टी का बुलावा आने का मतलब होता था चार-पांच हज़ार रुपए तक की कमाई।

ख़ास बात यह है कि आपको राजधानी में कनॉट प्लेस के अलावा किसी अन्य बाज़ार में बूट-पॉलिश करने वाले नहीं मिलेंगे। करोल बाग, चांदनी चौक, लाजपत नगर सेंट्रल मार्केट वग़ैरह में मोची तो मिलेंगे, पर सिर्फ बूट पॉलिश करने वाले शायद ही मिलें।

आओ फ़िल्में देखें

कौन-सा दिल्ली वाला होगा, जिसने कनॉट प्लेस के चार सिनेमाघरों में से कम से कम एक में कभी ना कभी कोई फ़िल्म ना देखी हो। ये चारों कनॉट प्लेस की जान रहे हैं। ये नहीं हो सकता कि कोई बड़ी फ़िल्म रिलीज़ हुई हो और वह ओडियन, प्लाज़ा, रीगल या रिवोली में से किसी एक में रिलीज़ ना हो। अगर बात का सिलसिला ओडियन से शुरू करें, तो यह दिल्ली का पहला एयरकंडीशन और शीला के बाद दूसरा 70 एमएम स्क्रीन वाला सिनेमा हॉल रहा है। देवआनंद के लिए ओडियन सच में बड़ा लकी रहा। यहां उनकी 'हम दोनों', 'ज्वेल थीफ़', 'गाइड', 'पेइंग गेस्ट', 'मुनीमजी', 'काला पानी' जैसी बहुत-सी फ़िल्मों को दिल्ली ने दिल से सराहा और बार-बार देखा। देव साहब के बड़े भाई चेतन आनंद की 1962 में भारत-चीन जंग की पृष्ठभूमि पर बनी 'हक़ीक़त' भी ओडियन में प्रदर्शित हुई थी। उसे देखकर दिल्ली ना जाने कितनी बार भावुक होकर रोई थी। उस जंग में चीन से उन्नीस रहने पर देश उदास और हताश था।

असल में ओडियन 1940 में शुरू हो गया था। यहां शुरुआती दौर में हॉलिवुड की फ़िल्में ही प्रदर्शित की जाती थीं। तब तक कनॉट प्लेस में कमोबेश गोरे ही शॉपिंग या फ़िल्में देखने पहुंचा करते थे, पर देश के आज़ाद होने के बाद रावलपिंडी से आए ईशरदास साहनी परिवार ने ओडियन को सन् 1951 में लीज़ पर ले लिया। साहनी परिवार के रावलपिंडी और पेशावर में भी सिनेमा हॉल थे। देखा जाए तो साहनी ख़ानदान के इसे लीज़ पर लेने के बाद ही इसकी क़िस्मत खुली। फिर यहां 'नया दौर', 'नवरंग', 'झनक-झनक पायल बाजे' और 'कोहिनूर' जैसी अपने दौर की मक़बूल फ़िल्में भी लगीं और हिट हुईं। यहां दर्शक आने लगे क्योंकि ओडियन की लोकेशन कमाल की थी। इसके ठीक सामने तक फटफटिया और तांगे आ जाते थे। इनमें बैठकर दिल्ली-6 से भी फ़िल्मों के शैदाई ओडियन आया करते थे। हालांकि फटफटिया और तांगे 1980 से कुछ पहले ही मिंटो ब्रिज से पहले रोक दिए जाते थे।

जिया उस सलाम ने अपनी किताब 'दिल्ली-4 शोज़' में लिखा है, 'ओडियन 1961 में रेनोवेशन के लिए कुछ महीने बंद रहा। यह जब 1962 में खुला, तो इसकी नई बालकनी में क़रीब तीन सौ सीटें और जुड़ गईं। तब यहां पहली पिक्चर लगी 'कम सेपटंबर'। नए ओडियन का श्रीगणेश हुआ, तो फ़िल्म देखने के लिए राष्ट्रपति सर्वपल्ली राधाकृष्णन भी दर्शक दीर्घा में विराजमान थे।' रेनोवेशन का काम किया था कनॉट प्लेस की आर्किटेक्ट फ़र्म कोठारी एंड एसोसिएट्स ने। महान चित्रकार सतीश गुजराल ने उसी दौरान ओडियन की दीवारों पर म्यूरल (भित्तिचित्र) बनाए थे। सतीश गुजराल के म्यूरल से ओडियन और ज़्यादा सुंदर और आकर्षक हो गया था। इनमें रंगों का सामंजस्य अतुलनीय है। उन्होंने शास्त्री भवन (1968) तथा दिल्ली हाईकोर्ट (1976) के भी म्यूरल बनाए थे। सतीश गुजराल के म्यूरल को देखने के लिए आप रुकते हैं। ये अद्भुत हैं। म्यूरल का अर्थ है ऐसे चित्र, जो दीवार पर बनाए गए हों। माना जाता है कि इनकी शुरुआत मानव के उन प्रयासों के साथ हुई, जब उसने गुफाओं की दीवारों पर प्राकृतिक रंगों से अपने जीवन से जुड़े चित्र बनाए। जैसे-जैसे मानव सुसंस्कृत हुआ, इस शैली में भी सुधार होता गया। अजंता की गुफाओं के भित्तिचित्र ईसा से सौ साल पहले के बताए जाते हैं।

बहरहाल वक़्त गुज़रने के साथ ओडियन राजधानी के सबसे पसंदीदा सिनेमाघर के रूप में अपनी जगह बनाता रहा। जब भी कोई बड़ी फ़िल्म रिलीज़ होती, तो यहां भी आमतौर प्रदर्शित होती। 'पाकीज़ा', 'कभी-कभी', 'कुली' जैसी सफल फ़िल्में यहां लंबे समय तक दिखाई जाती रहीं। जिन दिनों यहां यश चोपड़ा की फ़िल्म 'कभी-कभी' लगी हुई थी, उसी दौरान एक दिन अचानक कुर्ता-पायजामा पहने शशि कपूर आ गए। उन्होंने शॉल ओढ़ा हुआ था। वह फ़िल्म ख़त्म होने के बाद ओडियन से निकले, तो उन्हें उनके चाहने वालों ने घेर लिया। तब स्टार्स के साथ भारी-भरकम सिक्योरिटी गार्ड नहीं चला करते थे। ज़िंदगी थोड़ी सुकून भरी हुआ करती थी। अभावों में भी दुनिया मस्त थी। शशि कपूर ने कइयों को ऑटोग्राफ़ दिए।

ओडियन को दो-तीन बार झटके भी लगे, जब यहां 'बॉबी', 'सत्यम शिवम सुंदरम' और 'शोले' प्रदर्शित नहीं हो सकीं। इनमें 'बॉबी' और 'सत्यम शिवम सुंदरम' रीगल में और 'शोले' प्लाज़ा में लगी थी। लेकिन ओडियन ने 1987 में राज कपूर की मृत्यु के बाद उनकी अधिकतर फ़िल्में प्रदर्शित कीं। ओडियन को 2018 में मल्टीप्लेक्स में तब्दील कर दिया गया, पर इससे पहले

यहां सलमान ख़ान की 'चोरी-चोरी चुपके-चुपके' और 'नो एंट्री' को भारी सफलता मिली थी। 'नो एंट्री' में सलमान ख़ान की एंट्री पर ओडियन सीटियों और तालियों से गूंजने लगा था। ओडियन की बात होगी, तो इसके ठीक आगे बैठने वाले मुच्छड़ पान वाले की बात होना लाज़िमी है। उसके वर्क लगे मीठे पान को मुंह में दबाकर फ़िल्म देखने का अपना सुख रहा है।

रिवोली और सरदार सोबा सिंह

क्या आप बता सकते हैं कि सरदार सोबा सिंह का कौन-सा सिनेमा हॉल था कनॉट प्लेस में? अगर आपको इस सवाल का जवाब मुश्किल लग रहा है, तो बता दें कि उन्हीं का था रिवोली। उन्होंने रिवोली को सन् 1940 से सन् 1951 तक चलाया। उसके बाद उसे दे दिया ओडियन चलाने वाले साहनी परिवार को। रिवोली में शुरुआती दौर में श्रेष्ठ इंग्लिश फ़िल्में प्रदर्शित होती थीं।

1969 में रिवोली में राजेश खन्ना-शर्मिला टेगौर की 'आराधना' लगी और बड़ी हिट साबित हुई। आराधना की सफलता के बाद रिवोली का चरित्र बदल गया। यहां दिन में हिन्दी फ़िल्मों के तीन शो दिखाए जाने लगे। एक शो अंग्रेज़ी फ़िल्मों के लिए रहता था। 'जूली' 1975 में लगी। इसने कामयाबी की नई इबारत लिखी। वक़्त के साथ बदलते हुए रिवोली 2005 में मल्टीप्लेक्स हो गया है।

एक था रीगल

नई दिल्ली का पहला सिनेमा हॉल था रीगल। 31 मार्च 2017 को इस पर ताला लग गया था। कनॉट प्लेस के साथ ही बनकर तैयार हुए रीगल में आख़िरी फ़िल्म आमिर ख़ान की 'दंगल' रिलीज़ हुई थी। इसके बाद राजधानी के सबसे पुराने सिंगल स्क्रीन थियेटरों में से एक रीगल इतिहास के पन्नों में दफ़्न हो गया। इसमें ताला लगने की वजह नोटबंदी के बाद दर्शकों का सिनेमाघरों से दूर होना बताया गया था, जिसकी वजह से मैनेजमेंट को तगड़ा घाटा हुआ था।

रीगल नई दिल्ली का पहला सिनेमाहॉल था। हालांकि पुरानी दिल्ली, जिसे दिल्ली-6 भी कहते हैं, में तो पहले भी कई सिनेमाघर थे। रीगल में शुरुआत में अंग्रेज़ी के नाटक खेले जाते थे। अब भी यहां नाटकों का स्टेज है। यहीं आकर लॉर्ड माउंटबेटन और उनकी पत्नी लेडी माउंटबेटन ने कई अंग्रेज़ी नाटकों को देखा

था। यहां 1939 में पहली फ़िल्म 'गॉन विद द विंड' लगी थी। यह अंग्रेज़ी फ़िल्म थी। देश के पहले राष्ट्रपति डॉ. राजेन्द्र प्रसाद और प्रधानमंत्री पंडित जवाहरलाल नेहरु ने भी यहां कुछ फ़िल्में देखीं। रीगल का डिज़ाइन ब्रिटिश आर्किटेक्ट वॉल्टर स्काईज़ जॉर्ज ने तैयार किया था। वह नई दिल्ली के डिज़ाइनर एडविन लुटियंस की टीम में थे। उन्होंने सेंट स्टीफ़ंस कॉलेज, मिरांडा हाउस, ग्वायर हॉल और सुजान सिंह पार्क का भी डिज़ाइन बनाया था।

बॉलिवुड के शो-मैन राजकपूर का रीगल से गहरा संबंध रहा। उनकी बहुत-सी फ़िल्में यहां रिलीज़ हुईं, जिनमें 'बॉबी', 'जागते रहो', 'संगम', 'बूट पॉलिश' आदि शामिल हैं। रीगल में राज कपूर की आख़िरी फ़िल्म लगी थी 'सत्यम शिवम सुंदरम'।

रीगल की ख़ास बात यह थी कि इसमें कई बॉक्स थे, जिनमें आप सपरिवार या मित्रों के साथ बैठकर मज़े से पिक्चर का आनंद ले सकते थे। यहां आपको एक छोटा स्पेस मिल जाता था, जिसमें बैठकर आप पिक्चर का आनंद ले सकते हैं। कहते हैं कि रीगल को वी. शांताराम भी बहुत पसंद करते थे इसलिए उनकी 'दहेज' (1950) तथा 'दो आंखें बारह हाथ' (1958) यहां रिलीज़ हुईं। 'कागज के फूल' (1959) और 'मदर इंडिया' (1959) जैसी कालजयी फ़िल्में भी यहां रिलीज़ हुईं। रीगल के ऊपर ही दि स्टैंडर्ड नाम का रेस्तरां भी हुआ करता था। दिल्लीवाले फ़िल्म देखने से पहले या बाद में यहां बैठकर कॉफ़ी पीते हुए गपशप किया करते थे।

प्लाज़ा

कनॉट प्लेस सन् 1933 में शुरू हुआ और उसी साल प्लाज़ा का भी श्रीगणेश हो गया। इसे आप नई दिल्ली के सबसे पुराने सिनेमाघरों में से एक मान सकते हैं। जिस महान आर्किटेक्ट रॉबर्ट टोर रसेल ने कनॉट प्लेस का डिज़ाइन बनाया था, उन्हीं ने प्लाज़ा को भी डिज़ाइन किया था। यहां रीगल, रिवोली और ओडियन की तरह शुरुआती बरसों में अंग्रेजी फ़िल्में ही दिखाई जाती थीं। 1950 और 1960 के दशक तक यहां सब कुछ सामान्य रहा। कोई बहुत बड़ी हिट फ़िल्म नहीं लगी लेकिन 'शोले' ने प्लाज़ा को एक बड़ी पहचान दी। 'शोले' की यहां रिलीज़ होने से पहले भी सारे देश में चर्चा हो रही थी। प्लाज़ा ने भी शोले का जमकर प्रचार किया। यह 1975 की बात है। साउथ एक्सटेंशन, अजमेरी गेट, मोती नगर वग़ैरह

में शोले के बड़े-बड़े पोस्टर इसके रिलीज़ होने से पहले लग चुके थे। ये पोस्टर एक जैसे नहीं थे। कहीं अमिताभ बच्चन और धर्मेन्द्र के हाथों में बंदूक थी और साथ में अमज़द ख़ान यानी गब्बर भी थे। अमज़द ख़ान की फ़ोटो बड़ी थी इन दोनों से। एकाध जगह पर शोले के सभी प्रमुख कलाकारों की फ़ोटो थी और बड़ा-सा लिखा था 'शोले'। इन्हें दिल्ली दायें से बायें और बायें से दायें बड़े चाव से देख रही थी और फ़िल्म की संभावित कहानी रिलीज़ से पहले डिस्कस कर रही थी।

वह इमरजेंसी का दौर था। माहौल में एक डर का भाव था। बहुत सारे विपक्षी दलों के नेता जेल में थे। उन हालातों में जी.पी. सिप्पी की शाहकार 'शोले' के आने से माहौल थोड़ा सहज ज़रूर हुआ था। देश और दिल्ली इमरजेंसी से इतर भी बातें करने लगी थी। तब तक दिल्ली का इतना विस्तार नहीं हुआ था। मयूर विहार, वसंत कुंज, रोहिणी और एनसीआर को बनने में भी काफ़ी वक़्त था।

दिल्ली में 'शोले' प्लाज़ा के अलावा शक्ति नगर स्थित अम्बा में रिलीज़ हुई थी लेकिन प्लाज़ा में टिकट लेने और बुक करवाने वालों की लंबी-लंबी लाइनें लगने लगी थीं। प्लाज़ा की भीड़ पर पुलिस नज़र रख रही थी। प्लाज़ा में यह फ़िल्म 70 एमएम के प्रिंट पर दिखाई जानी थी इसलिए यहां अम्बा की तुलना में भीड़ ज़्यादा थी। अम्बा में 35 एमएम का प्रिंट था।

'शोले' का जादू रिलीज़ होते ही दिल्लीवालों पर सिर चढ़कर बोलने लगा। 'कितने आदमी थे', 'बसंती इन कुत्तों के सामने मत नाचना', 'यहां से पचास-पचास कोस दूर जब बच्चा रात को रोता है, तो मां कहती है सो जा बेटे, नहीं तो गब्बर आ जाएगा', ' इतना सन्नाटा क्यों है भाई', 'सरदार मैंने आपका नमक खाया है', 'हम अंग्रेज़ों के ज़माने के जेलर हैं', 'जेल में चक्की पीसिंग एंड पीसिंग एंड पीसिंग' जैसे डॉयलाग दिल्लीवालों की ज़ुबान पर चढ़ गए थे। प्लाज़ा में यह फ़िल्म देखने वालों की भीड़ कम नहीं हो रही थी। दिल्ली के फ़िल्मी सीन पर नज़र रखने वालों को याद होगा कि सोहराब मोदी के मिनर्वा में 'शोले' काफ़ी कोशिशों के बाद भी रिलीज़ नहीं हुई। यह फ़िल्म यमुनापार और साउथ दिल्ली के भी किसी सिनेमाघर में रिलीज़ नहीं हुई। यहां के बाशिंदे काफ़ी दूर जाकर यह फ़िल्म देख रहे थे। ज़्यादातर लोग 'शोले' प्लाज़ा में ही देख रहे थे। प्लाज़ा में इस फ़िल्म के लगने के बाद दिल्लीवाले प्लाज़ा में भी फ़िल्में देखना पसंद करने लगे।

एक ज़माने में प्लाज़ा के मालिक सोहराब मोदी थे। उनसे प्लाज़ा को 1964 में जोगिन्दर साहनी ने लिया था। उस समय इसके पार्टनर शम्मी कपूर और फ़िल्म प्रोड्यूसर एफ़.सी. मेहरा भी थे। यह 1960 के दशक के मध्य की बातें हैं। हालांकि शम्मी कपूर ने अपनी हिस्सेदारी बाद के वर्षों में बेच दी थी। कपूर कुनबे में शायद ही शम्मी कपूर के अलावा किसी अन्य सदस्य का दिल्ली के किसी सिनेमाघर में मालिकाना हक़ रहा हो। सोहराब मोदी की भी प्लाज़ा में हिस्सेदारी रही है। कनॉट प्लेस 1933 में शुरू हुआ और उसी साल प्लाज़ा का भी श्रीगणेश हो गया था। इसे आप नई दिल्ली के सबसे पुराने सिनेमाघरों में से एक मान सकते हैं। प्लाज़ा 2004 में मल्टीप्लेक्स में तब्दील हो गया था।

प्लाज़ा के ठीक सामने भाई मोहन सिंह ने 1950 के दशक के आरंभ में दफ़्तर खोला था। यह वही भाई मोहन सिंह थे, जिन्होंने आगे चलकर रैनबैक्सी फ़ार्मा नाम की कंपनी को देश की चोटी की फ़ार्मा कंपनी के रूप में स्थापित किया। वह रावलपिंडी से 1947 में दिल्ली आए थे अपना कंस्ट्रक्शन का शानदार बिज़नेस छोड़कर।

हिप्पी ट्रेल: लंदन से सीपी तक

ज़रा सोचिए, अगर आपको कभी दिल्ली से लंदन बस से सफ़र करने का मौक़ा मिल जाए। सफ़र के दौरान आप पाकिस्तान, अफ़ग़ानिस्तान, ईरान, तुर्की के दुर्गम रास्तों को पार करते हुए यूरोप में दाख़िल हों। यक़ीन नहीं हो रहा ना, पर अपनी दिल्ली में 1960 के दशक से लेकर 1979 तक हज़ारों किलोमीटर नापते हुए बसें आया-जाया करती थीं। सामान्य की तुलना में कहीं अधिक बड़ी भीमकाय ये बसें कनॉट प्लेस की उस छोटी-सी सड़क पर खड़ी हुआ करती थीं, जिसके एक तरफ़ अब पालिका बाज़ार और दूसरी तरफ़ पालिका पार्किंग है।

ईरान में इस्लामिक क्रांति और अफ़ग़ानिस्तान में 1979 में सोवियत यूनियन की फ़ौजों के दाख़िल होने के बाद दुनिया बदल गई। बस, तब से लंदन से दिल्ली आने-जाने वाली बसों का सफ़र भी थम बंद गया। इन बसों को कहा जाता था 'हिप्पी ट्रेल'। ये उन दिनों की बात है, जब देव आनंद की हिप्पियों के जीवन पर आधारित फ़िल्म 'पूरब-पश्चिम' रिलीज़ हुई थी। इसका गाना 'दम मारो दम, मिट जाएं ग़म, बोलो सुबह शाम...' हर तरफ़ ख़ूब सुनाई देता था। देश और दिल्ली में हिप्पियों को लेकर जिज्ञासा बनी हुई थी। कनॉट प्लेस में हिप्पी ट्रेल की बसों के आगे दिल्ली वाले खड़े हो जाया करते थे। उन्हें देखते रहते थे। दिल्ली के लिए ये बसें और इनके मुसाफ़िर कौतूहल पैदा करते थे। तब कनॉट प्लेस के सेंट्रल पार्क में बैठकर पोट्रेट बनाने वाले पी.के. महानंद नाम के उड़िया नौजवान आर्टिस्ट ने एक हिप्पी बाला से कुछ दिनों के प्रेम के बाद शादी करके दिल्ली के शांत समाज में सनसनी पैदा कर दी थी।

हिप्पी ट्रेल की बसों में आने वाले हिप्पियों से कनॉट प्लेस और इसके आसपास के इलाक़ों का माहौल काफ़ी रंगीन हो गया था। ये हिप्पी गले में गिटार डालकर पॉप म्यूज़िक गाया-बजाया करते थे। इन युवक-युवतियों को देखकर लगता था कि मानो इन्हें दुनिया से कोई मतलब ही ना हो। इनके साथ कुछ स्थानीय युवक भी गाने-बजाने लगते थे, एक समा बंध जाया करता था। उस दौर की दिल्ली आज

की तरह से दिन-रात दौड़ती नहीं थी। वह छोटी थी। तब तक देश में ऑटो और मोबाइल क्रांति आने में बहुत वक़्त था। मेट्रो रेल के बारे में तो किसी ने सोचा भी नहीं था। रिंग रोड से आगे दिल्ली कोई बहुत बनी-बसी नहीं थी। नोएडा, ग्रेटर नोएडा और गुरुग्राम को बनने में वक़्त था।

हिप्पी ट्रेल की बसों के टायर सामान्य बसों के टायरों की तुलना में काफ़ी चौड़े होते थे। इनका रंग लाल, नीला, पीला हुआ करता था। इनकी छतों पर सामान लदा होता था। राजधानी में ट्रांसपोर्ट के बिज़नेस से जुड़े हुए सुरेन्द्र नाग बताते हैं कि इन बसों का हवा-पानी दिल्ली आने पर कनॉट प्लेस में काम करने वाले मैकेनिक देख लिया करते थे। तब भी कनॉट प्लेस की जनपथ लेन तथा सिंधिया हाउस में बहुत सारे सर्विस स्टेशन और उस्ताद मैकेनिक हुआ करते थे।

दिल्लीवाले उस दौर में सुकून के कुछ पल बिताने के लिए कनॉट प्लेस के आसपास ही आ जाया करते थे। यहां उन्हें कई-कई बसों में आए हिप्पी मिलते थे। ये कनॉट प्लेस, जनपथ और पहाड़गंज इलाक़े में ही घूमा-फिरा और रहा करते थे। अब भी दिल्ली में बहुत से लोगों को हिप्पी ट्रेल की बड़ी-बड़ी बसें, मैले-कुचैले से दिखने वाले हिप्पी और उस समय का कनॉट प्लेस याद होगा। उन हिप्पियों को याद करते हुए एक बात कहने का मन होता है कि उस ज़माने में कभी कोई इस तरह का केस सामने नहीं आया था, जिसमें हिप्पी युवतियों के साथ किसी ने कोई ग़लत हरकत की हो। हां, कुछ मनचले नौजवान हिप्पी महिलाओं से बात करने की फ़िराक़ में अवश्य रहते थे।

आधी सदी पहले की दिल्ली आज की तरह ओपन माइंडेड नहीं थी। तब यहां का समाज परंपरावादी था इसलिए जब हिप्पी पुरुष और स्त्री 'खुल्लम खुल्ला प्यार करेंगे हम दोनों...' के अंदाज़ में एक-दूसरे से सार्वजनिक स्थानों पर प्रेम करते थे, तो दिल्ली को यक़ीन नहीं होता था। लोग इन्हें देखते ही रह जाते थे। हिप्पी लोग रॉक धुनों को सुनते हुए एक अलग लोक में चले जाते थे। इन्हें मारिजुआना तथा एलएसडी जैसी नशीली दवाओं का सेवन करने से सुकून मिलता था। ये पहाड़गंज जाते थे अपना मन माफ़िक सामान लेने के लिए। खालसा कॉलेज (ईवनिंग) के प्रिंसिपल रहे डॉ. हरमीत सिंह बताते हैं कि 1970 के दशक के आरंभ से पहाड़गंज में होटल बनने लगे थे क्योंकि यहां हिप्पी ट्रेल की बसों में आने वालों के अलावा भी बड़ी तादाद में विदेशी टूरिस्ट आने लगे थे। इनकी माली हालत कोई बहुत अच्छी नहीं होती थी। इनके पास जब पैसे ख़त्म होने लगते, तो ये अपने गिटार, घड़ियां

और दूसरा सामान बेचने लगते थे। कुछ दिन यहां बिताने के बाद ये वापसी के सफ़र पर निकल जाते थे। डॉ. हरमीत सिंह उस समय पहाड़गंज में ही रहते थे।

कनॉट प्लेस के कॉफ़ी हाउस में भी हिप्पी ट्रेल बसों के मुसाफ़िर फटे पुराने कपड़ों, बढ़े हुए बाल-दाढ़ी, बिना नहाए-धोए आते रहते थे। इनके साथ कुछ हिन्दुस्तानी नौजवान भी इन्हीं के रंग में रंगे कॉफ़ी हाउस पहुँच जाते थे।

बहरहाल ईरान में राजशाही के उखाड़े जाने और अफ़ग़ानिस्तान में सोवियत संघ की फ़ौजों के दस्तक देने के बाद हज़ारों किलोमीटर का सफ़र करने वाली बसों के सफ़र पर विराम लग गया।

उस दौर में दिल्ली-लंदन की तरह से कोलकाता-लंदन के बीच भी बसें चला करती थीं।

हनुमान रोड: कभी थी एलीट कॉलोनी

कनॉट प्लेस के हनुमान रोड का ज़िक्र आने पर पूर्व प्रधानमंत्री इंद्रकुमार गुजराल कुछ भावुक होकर बताने लगते थे कि जब तक हम हनुमान रोड रहे, तब तक मेरे साथ ही रहता था सतीश (गुजराल)। वहां रहते हुए सतीश ने लाजपत नगर के अपने घर में शिफ्ट कर लिया था। यानी हनुमान रोड के दिनों तक गुजराल साहब और उनके अनुज सतीश गुजराल एक ही छत के नीचे रहते थे। तब तक गुजराल साहब का संयुक्त परिवार था। गुजराल साहब और सतीश गुजराल में राम-लक्ष्मण जैसे संबंध थे। यह सन् 1950 के दशक के मध्य की बातें हैं। सतीश गुजराल के लाजपत नगर-पार्ट 3 में शिफ्ट करने के बाद भी इंद्रकुमार गुजराल कई वर्षों तक हनुमान रोड में ही रहे थे।

हनुमान मंदिर के ठीक पीछे है हनुमान रोड। यहां एक सामानांतर दुनिया बसती है। एक बेहद एलीट एरिया के रूप में हनुमान रोड की पहचान गुज़रे दशकों से होती है। यहां सुबह-शाम घरों के बाहर कुछ बुज़ुर्ग गपशप करते नज़र आ जाते हैं। हनुमान रोड को नई दिल्ली की सबसे पहली बनी एलीट कॉलोनियों में से एक माना जा सकता है। यह 1947 से पहले ही आबाद हो गई थी। गोल्फ़ लिंक, जोर बाग, सुंदर नगर 1952 के बाद बने थे। हनुमान रोड में 1940 में प्लॉट कटे और बिकने शुरू हुए थे। यहां प्लॉट नई दिल्ली के चोटी के ठेकेदार सरदार सोबा सिंह ने काटे थे, यानी एक बार नई दिल्ली का 1931 में उद्घाटन होने के बाद हनुमान रोड कॉलोनी बनी और बसी। यहां शुरुआती दौर में दिल्ली के मालदार और असरदार लोगों ने अपने आशियाने बनाए थे। यहां कुछ प्लॉट दिल्ली में बसे गुजराती और बंगाली परिवारों ने भी लिए थे। रीगल सिनेमा से सटी मशहूर गांगुली वॉचेज़ कंपनी के मालिक की भी यहां कोठी थी। हनुमान रोड से कुछ पहले बंगाली मार्केट बन और बस चुकी थी। पर उसमें मोटा-मोटी पुरानी दिल्ली के वैश्य परिवार ही आए थे। इस लिहाज़ से हनुमान रोड अधिक समावेशी रहा।

हनुमान रोड में लंबे समय तक रहने वाले कुछ असरदार लोगों में शामिल थे - कोका कोला कंपनी के भारत में मालिक सरदार मोहन सिंह, जिनके नाम पर मोहन सिंह प्लेस है और जिनके पुत्र चरणजीत सिंह ने मेरिडियन होटल बनाया था, मशहूर बिल्डर उत्तम सिंह सेठी और चेम्सफ़ोर्ड क्लब के अध्यक्ष रहे मेहरबान सिंह धूपिया। मेहरबान सिंह धूपिया की पौत्री है फ़िल्म अभिनेत्री नेहा धूपिया। यहां मशहूर कैकस्टन प्रेस के मालिक और स्वाधीनता सेनानी बी.एल. भार्गव का परिवार भी रहा। बी.एल. भार्गव के एक पुत्र नकुल भार्गव मिंटो रोड से नगर निगम पार्षद भी रहे। मेदांता अस्पताल के चेयरमैन डॉ. नरेश त्रेहन और मशहूर फ़ोटोग्राफ़र अविनाश पसरीचा का बचपन भी यहीं गुज़रा। अविनाश पसरीचा अब भी हनुमान रोड में ही रहते हैं। मॉडर्न स्कूल के स्टूडेंट रहे डॉ. नरेश त्रेहन ने पहले एस्कॉर्ट्स अस्पताल और फिर गुरुग्राम में मेदांता अस्पताल को स्थापित किया। उनके पिता का हनुमान रोड पर क्लीनिक था।

हां, देश की आज़ादी के बाद हनुमान रोड का चरित्र बदला। यहां कुछ प्रमुख रिफ़्यूजी परिवारों ने किराए पर ही घर ले लिए और कुछ मुसलमान अपने घरों को बेचकर पाकिस्तान चले गए।

हनुमान रोड में सड़क के दोनों तरफ़ 56 प्लॉट हैं। ये सब 500 गज या उससे कुछ अधिक बड़े हैं। पर अब कुछ घरों की दशा को देखकर निराशा होती है। लगता है कि इनमें सफ़ेदी हुए भी लंबा समय बीत गया है। कौन जाने कि इनमें रहने वालों की माली हालत अब कैसी है।

बहरहाल हनुमान रोड के इन बड़े-विशाल आशियानों ने बेहतर दिन देखे हैं। यहां के आर्य समाज मंदिर का अपना महत्त्व है। यहां हज़ारों लोगों की आर्य समाज परंपरा के अनुसार सादगी से शादी हो चुकी है। यह 1954 से यहां मौजूद है। 1944 में राजा बाज़ार में स्थापित रघुमल आर्य कन्या विद्यालय मैनेजमेंट की देखरेख में इसका कामकाज चलता है। रघुमल आर्य कन्या विद्यालय को नई दिल्ली क्षेत्र का पहला लड़कियों का स्कूल माना जाता है। हनुमान रोड में रहने वाले कई परिवारों की बेटियों ने रघुमल कन्या विद्यालय में पढ़ाई की है। इस स्कूल में 21 अक्टूबर 1951 को भाजपा के जनक भारतीय जनसंघ का पहला सम्मेलन और स्थापना हुई थी। हनुमान रोड में रहने वाले परिवारों के बच्चे मॉडर्न स्कूल, सेंट कोलंबस, हरकोर्ट बटलर स्कूल में भी पढ़ते रहे हैं।

हनुमान रोड में रहने वालों में ग़ज़ब की सामाजिकता रही है। यहां के सब लोगों में प्रेम और भाईचारे वाले संबंध सदैव बने रहे। हनुमान रोड की होली-दिवाली के क्या कहने! सब मिलकर इन पर्वों को मनाते रहे हैं। इनका प्रेम और भाईचारा अपने आप में मिसाल है। हनुमान रोड में कुछ परिवार 1940 के दशक से ही रह रहे हैं। वे आज भी यहां से बाहर जाने की कल्पना नहीं कर पाते हैं। आख़िर दिल्ली के दिल से निकलना आसान तो नहीं है।

अब हनुमान रोड में हलचल काफ़ी रहती है। 48 हनुमान रोड पर स्पेन कल्चरल सेंटर शुरू हो गया है। यह हनुमान मंदिर के ठीक पीछे स्थित है। स्पेन कल्चरल सेंटर 2010 में शुरू हो गया था। यहां स्पेनिश भाषा सीखने वाले स्टूडेंट्स की भीड़ लगी रहती है। इसका उद्घाटन स्पेन के राजकुमार डॉन फ़ेलिपे तथा राजकुमारी डोना लेतिजिया ने किया था। हनुमान रोड में बंदर भी ख़ूब हैं। इस कारण यहां की ज़िंदगी पहले जैसी सुकून भरी तो नहीं रही है। बहरहाल, जो कभी यहां रह लिया उसके दिल में बसता है हनुमान रोड।

रीगल बिल्डिंग के पीछे मशहूर मलिक स्वीट्स का परिवार भी हनुमान रोड पर रहता है। हनुमान रोड के पुराने लोग बताते हैं कि मलिक स्वीट्स ने 1960 के दशक में चाय और ब्रेड पकौड़े से धंधा चालू किया था, पर उसके बाद इन्होंने पीछे मुड़कर नहीं देखा।

चलें विंडसर मैंशन

कभी फ़ुर्सत मिले, तो संसद मार्ग में बैंक ऑफ़ बड़ौदा की बिल्डिंग के पीछे जाइए। वहां आपको जनपथ लेन पर बिलकुल यूरोपीय आर्किटेक्चर की बनी दो मंज़िला शाही हवेलियां दिखाई देंगी। इनका रंग सफ़ेद है। आप जनपथ मार्केट से भी विंडसर मैंशन जा सकते हैं। इस मार्केट के पीछे ही है विंडसर मैंशन। इसके फ़्लैट एक-दूसरे से जुड़े हुए हैं।

ये भी लगभग कनॉट प्लेस के साथ ही बन गए थे। इन्हें भी सरदार सोबा सिंह ने बनवाया था, यानी सोबा सिंह की कनॉट प्लेस में जगह-जगह उपस्थिति है। उनका एक बंगला जंतर-मंतर में भी था और एक उन्होंने जनपथ में बनवाया था। यहां उनके दोनों बंगलों की बात कर लेते हैं।

आप जब जनपथ की तरफ़ बढ़ते हैं, तो दस में से नौ बार तीस जनवरी मार्ग जाने के लिए तीस जनवरी लेन का रास्ता नहीं लेते। अगर आप तीस जनवरी लेन के रास्ते से जाएंगे, तो आपका इतिहास से साक्षात्कार होगा। जैसे ही वहां पहुंचेंगे, एक बड़े से बंगले के पिछली तरफ़ के गेट के बाहर लगी नेम प्लेट आपका ध्यान अपनी तरफ़ खींचेगी। लकड़ी के गेट पर एक नेम प्लेट पर साफ़ शब्दों में लिखा है - 'सर सोबा सिंह'। आप ठहरते हैं, ठिठकते हैं। अपना वाहन छोड़कर हिम्मत करके उस गेट के अंदर दाख़िल होते हैं। एक कमरे में पहुंचते हैं। अभी तक आपको कोई नहीं मिलता। कमरे में बल्ब की पर्याप्त रोशनी है। आप कमरे पर नज़र डालते हैं। यहां दीवार पर एक बड़ी-सी तस्वीर है मॉडर्न स्कूल की। उसमें बापू के चरणस्पर्श कर रहे हैं बच्चे। सरदार सोबा सिंह भी खड़े हैं। यह फ़ोटो 1939 की है। एक बड़ा-सा बोर्ड भी दीवार पर टंगा है। उस पर लिखा है - 'सोबा सिंह एंड संस - दिल्ली-लाहौर।' सरदार सोबा सिंह और उनके कुनबे का कुछ हिस्सा 1970 के दशक के अंत तक इधर रहा। फिर सब सुजान सिंह पार्क शिफ़्ट कर गए। इस बंगले से ही सोबा सिंह ट्रस्ट चलता है।

विंडसर मैंशन पर फिर से लौटने से पहले जंतर-मंतर चलते हैं। जंतर-मंतर का ज़िक्र आते ही ज़ेहन में दो छवियां उभरती हैं। पहली, जंतर-मंतर पर धरने पर बैठे प्रदर्शनकारियों की। दूसरी, उस जंतर-मंतर नाम की खगोलीय वैधशाला की, जिसका निर्माण महाराजा जयसिंह द्वितीय ने सन् 1724 में करवाया था, पर जंतर-मंतर का सिर्फ यही परिचय नहीं है। इस छोटी-सी सड़क के आमने-सामने भव्य और विशाल बंगले बनवाए थे उन पांच ठेकेदारों ने, जो नई दिल्ली की अहम इमारतों के निर्माण के लिए पिछली सदी के आरंभ में राजधानी में आए थे। इनमें धर्म सिंह सेठी, सोबा सिंह, बैसाखा सिंह, नारायण सिंह शामिल थे।

धर्म सिंह ने अपने लिए जिस घर को बनवाया था, वह आगे चलकर कांग्रेस का मुख्यालय बना। हालांकि वहां से कांग्रेस का मुख्यालय 1970 के दशक में अकबर रोड चला गया था। धर्म सिंह को ठेका मिला था कि वह राष्ट्रपति भवन, साउथ और नार्थ ब्लॉक के लिए राजस्थान के धौलपुर तथा यूपी के आगरा से पत्थरों की नियमित सप्लाई रखें। सोबा सिंह ने धर्म सिंह के साथ वाले प्लॉट पर अपना बंगला बनवाया था। वहां बाद में बन गया केरल हाउस।

नई दिल्ली के निर्माण के समय बैसाखा सिंह अमृतसर से आए थे। वह नॉर्थ ब्लॉक के मुख्य ठेकेदार थे। उन्होंने इसके अलावा कई प्राइवेट इमारतें भी बनवाईं। उन्होंने भी जंतर-मंतर में अपना प्राइवेट बंगला बनवाया था। यह सोबा सिंह के बंगले से सटा था। कहते हैं, सोबा सिंह और बैसाखा सिंह के परिवारों में घनिष्ठता थी इसलिए दोनों ने तय किया कि दोनों बंगलों की दीवारों के बीच से एक रास्ता निकाल दिया जाए।

नई दिल्ली की चौड़ी और सुंदर सड़कों की बात करते ही सरदार नारायण सिंह का नाम याद आने लगता है। उन्होंने ही यहां की सभी सड़कों को बनवाया था। उनका बंगला सरदार सोबा सिंह और बैसाखा सिंह के बंगलों के ठीक सामने था।

अब बात विंडसर मैंशन की। यहां सरदार सोबा सिंह और नई दिल्ली के बाक़ी बड़े ठेकेदारों के रिश्तेदारों ने फ़्लैट लिए थे। इमरजेंसी के दौरान कुख्यात हो गईं संजय गांधी की मित्र रुख़साना सुल्ताना और उनकी पुत्री अमृता सिंह कभी विंडसर मैंशन में ही रहा करती थीं। रुख़साना सुल्ताना का विवाह सोबा सिंह के पोते से हुआ था। इस नाते वह लेखक खुशवंत सिंह की भी बहू थीं। इनकी बेटी अमृता सिंह ने बॉलिवुड में ख़ूब नाम कमाया। दूरदर्शन की न्यूज़ एंकर कोमल जी. बी. सिंह भी विंडसर मैंशन में रहीं।

आपको दिल्ली में विंडसर मैंशन जैसी आवासीय इमारतें कम ही देखने को मिलेंगी। फ़िलहाल इनकी मेंटनेंस कोई बहुत स्तरीय नहीं है, पर देखकर लगता है कि कभी ये बुलंद रही होंगी। ये दो मंज़िला हैं। हरेक मैंशन के आगे छोटा-सा बगीचा भी है।

विंडसर मैंशन के एंग्लो इंडियन

विंडसर मैंशन का एक-एक कोना जनपथ मार्केट से मिलता है। विंडसर मैंशन में कुछ समय पहले तक कई एंग्लो इंडियन परिवार भी रहा करते थे। इनमें से एक मिसेज़ कोलेक का परिवार भी था। इनके परिवार के कई सदस्य रीगल बिल्डिंग में ए. गोडिन एंड कंपनी में काम करते रहे थे। यह पियानो का शोरूम था। दरअसल देश की आज़ादी से पहले कनॉट प्लेस में बहुत-से शोरूम गोरों के हुआ करते थे। वे अपने यहां एंग्लो इंडियन समाज के लोगों को ख़ासतौर पर नौकरी देना पसंद करते थे। गोरे दुकानदार मानते थे कि एंग्लो इंडियन बेहतर अंग्रेज़ी जानते हैं। अब शायद ही कोई एंग्लो इंडियन विंडसर मैंशन में रहता हो। लेकिन पहले ये लोग यहां किराए पर भी रहने के लिए आ जाते थे क्योंकि कनॉट प्लेस में ही इनका क्लब है। इसका नाम गिडनी क्लब है। इनके बच्चे भी फ़्रैंक एंथनी स्कूल में ही पढ़ा करते थे। फ़्रैंक एंथनी स्कूल का जूनियर विंग कनॉट प्लेस में ही था। इसे राजधानी के एंग्लो इंडियन समाज के पुराण पुरुष फ्रैंक एंथनी ने स्थापित किया था।

अगर विंडसर मैंशन के एक तरफ़ जंतर-मंतर है, तो दूसरी तरफ़ है जनपथ मार्केट। यहां हमेशा हलचल रहती है। विंडसर मैंशन भले ही बेहतरीन हो, पर यहां भी बंदरों की भरमार है। यहां एक मंदिर-मस्जिद भी सटे हुए हैं। उनके पुजारी और इमाम साहब को दिन में किसी समय गपशप करते हुए भी देखा जा सकता है। अब विंडसर मैंशन में शायद ही कोई परिवार रहता हो, जिसने यहां शुरू में ही अपना आशियाना बना लिया हो। विंडसर मैंशन के हरेक घर में कम से कम चार कमरे तो हैं ही। पहली मंज़िल पर रहने वालों को छत मिलती है। यहां दिनभर रौनक और ट्रैफ़िक की आवाजाही लगी रहती है, पर कोई तो बात है कि फिर भी कनॉट प्लेस के दिल में कुछ लोगों को रहना पसंद है।

विंडसर मैंशन के पीछे एक मदरसा भी है। यहां रहकर बहुत-से बच्चे दीनी तालीम हासिल करते हैं।

1942 से 1984

सेंट्रल न्यूज़ एजेंसी के मालिक आर.पी. पुरी को हर अगस्त और नवंबर के महीनों में याद आ जाते थे वे ख़ौफ़नाक मंज़र, जब कनॉट प्लेस झुलसा था। कनॉट प्लेस ने दो बार आगजनी, लूटपाट और इंसानियत को तार-तार होते हुए देखा है। इत्तिफ़ाक़ से दोनों ही मौक़ों के साक्षी थे पुरी साहब। कनॉट प्लेस पहली बार 10 अगस्त 1942 को जला था। वह कनॉट प्लेस के लिए स्याह दिन था। उस दिन की यादें अब भी यहां चल रहे कुछ शोरूमों से जुड़ी हैं। जिसने भी उस दिन के डरावने दृश्यों को देखा था, उसे वह फिर कभी भुला नहीं सका। अंग्रेज़ों के स्वामित्व वाले शोरूमों को देश की आज़ादी के मतवालों ने आग के हवाले कर दिया था।

8 अगस्त 1942 को बम्बई (अब मुंबई) में महात्मा गांधी ने अंग्रेज़ी हुकूमत से 'भारत छोड़ो' का आह्वान किया था। भारत की आज़ादी से संबंधित इतिहास में दो पड़ाव सबसे ज़्यादा महत्त्वपूर्ण हैं - पहला सन् 1857 का स्वतंत्रता संग्राम और दूसरा सन् 1942 का भारत छोड़ो आन्दोलन। भारत को जल्दी आज़ादी दिलाने के लिए गांधीजी द्वारा अंग्रेज़ शासन के विरुद्ध यह एक बड़ा नागरिक अवज्ञा आंदोलन था। इसे भारत छोड़ो आंदोलन का नाम दिया गया। 8 अगस्त 1942 को बंबई के गोवालिया टैंक मैदान में अखिल भारतीय कांग्रेस महासमिति ने वह प्रस्ताव पारित किया था, जिसे 'भारत छोड़ो' प्रस्ताव कहा गया। इसके बाद से ही यह आंदोलन व्यापक स्तर पर आरंभ किया गया। गोवालिया टैंक मैदान से गांधीजी ने भाषण दिया। उन्होंने कहा, 'मैं आपको एक मंत्र देना चाहता हूं, जिसे आप अपने दिल में उतार लें। यह मंत्र है - करो या मरो।' बाद में इसी गोवालिया टैंक मैदान को अगस्त क्रांति मैदान के नाम से जाना जाने लगा।

भारत छोड़ो आंदोलन के शुरू होते ही गांधीजी, पंडित नेहरू, सरदार पटेल, मौलाना आज़ाद समेत कई बड़े नेताओं को गिरफ़्तार कर लिया गया। 9 अगस्त

1942 को गोवालिया टैंक मैदान में अरुणा आसफ़ अली ने कांग्रेस का झंडा फहराया। वह आगे चलकर दिल्ली की पहली मेयर भी बनीं। यह 1958 की बात है।

गांधीजी के भारत छोड़ो के आह्वान और गिरफ़्तारी से संबंधित ख़बरें 10 अगस्त 1942 को दिल्ली पहुंचीं। चूंकि उन दिनों आजकल की तरह ख़बरिया चैनल या सोशल मीडिया नहीं था इसलिए ख़बरों की रफ़्तार धीमी हुआ करता थी। ख़बरें आराम से देश-दुनिया में पहुंचा करती थीं।

10 अगस्त 1942 को सुबह से लगभग हर उम्र के दिल्लीवाले कनॉट प्लेस में इकट्ठा होने शुरू हो गए। इनमें से ज़्यादातर खादी का कुर्ता-पायजामा पहने हुए थे। दिन के बारह बजे तक हज़ारों की संख्या में दिल्लीवाले कनॉट प्लेस पहुंच चुके थे। अंग्रेज़ों से भारत छोड़ने संबंधी और 'गांधीजी ज़िंदाबाद' के नारे लग रहे थे। सारा वातावरण तनावपूर्ण था। 10 अगस्त, 1942 की सुबह 9 बजे कनॉट प्लेस के नज़दीक स्थित चाँदनी चौक घंटाघर के नीचे प्रदेश कांग्रेस कमेटी के उपाध्यक्ष हकीम ख़लील-उर-रहमान ने कांग्रेस का झंडा फहराया। दिल्ली के असरदार नेता मीर मुश्ताक अहमद ने 'भारत छोड़ो' आंदोलन की सार्थकता पर एक जोशीला भाषण दिया। दिल्ली-6 में मीर मुश्ताक अहमद की सरपरस्ती में चारों ओर 'महात्मा गांधी ज़िंदाबाद' के नारे लग रहे थे। पुलिस द्वारा बर्बरतापूर्ण लाठीचार्ज शुरू कर दिया गया, जिसके कारण बहुत-से लोगों के सिर फट गए, हड्डियां टूट गईं। पुरानी दिल्ली में चारों तरफ़ आंदोलनकारियों और पुलिस फ़ौज में संघर्ष हो रहा था। मीर मुश्ताक साहब भी पुलिस एक्शन में घायल हो गए थे। इस घटना के बाद दिल्ली में उन्हें बच्चा-बच्चा जानने लगा था। वह घायल होने पर भी दिन के समय कनॉट प्लेस पहुंच गए थे। उन्होंने सेंट्रल पार्क में कांग्रेस का झंडा फहराया।

मीर मुश्ताक अहमद दिल्ली के महबूब नेता थे। वह ग़रीब-गुरबों के हक़ के लिए जीवन भर लड़े। मीर मुश्ताक अहमद साहब गांधीवादी थे। वह 1972-77 के दौरान दिल्ली के मुख्य कार्यकारी पार्षद (मुख्यमंत्री के समकक्ष) रहे। अगर तब दिल्ली विधानसभा होती, तो वह यहां के पहले मुस्लिम मुख्यमंत्री होते।

सेंट्रल न्यूज़ एजेंसी के मालिक आर.पी. पुरी साहब सन् 1942 में कनॉट प्लेस के बरामदों में बैठकर अख़बार और मैगज़ीन बेचा करते थे। वह बताते थे कि कनॉट प्लेस में एकत्र भीड़ ने 10 अगस्त 1942 को अचानक गोरों के शोरूमों को फूंकना

शुरू कर दिया। उन दिनों कनॉट प्लेस में गोरों और आयरिश मूल के लोगों के अनेक शोरूम हुआ करते थे। कनॉट प्लेस का माहौल ब्रिटेन के किसी शहर जैसा ही प्रतीत होता था। यहां भारतीय बहुत कम आते थे। यहां का वातावरण समावेशी नहीं था।

ख़ैर, गांधीजी के भारत छोड़ो आंदोलन के आह्वान का असर इतना तीव्र था कि कनॉट प्लेस पहुंचे लोग गोरों को उसी वक़्त देश से बाहर खदेड़ने के लिए तत्पर हो उठे। उन्होंने सबसे पहले रैंकलिंग एंड कंपनी, आर्मी एंड नेवी, फ़िलिप्स एंड कंपनी और लॉरेंस एंड म्यो नाम के शोरूमों को फूंका। कपड़ों का शोरूम आर्मी एंड नेवी उस जगह था, जहां आजकल रीगल बिल्डिंग में खादी का शोरूम आबाद है। लॉरेंस एंड म्यो शानदार चश्मों का शोरूम था। यहां बेहतरीन चश्मे मिलते थे। वह आज भी अपनी पुरानी जगह जनपथ पर है। रैंकलिंग एंड कंपनी (अब मोहनलाल एंड संस) को भी उसके अंग्रेज़ी नाम के चलते आंशिक रूप से फूंका गया था। जब भीड़ को मालूम चला कि रैंकलिंग एंड कंपनी के स्वामी भारतीय हैं, तो उसे बख़्श दिया गया।

मोहन लाल एंड संस के स्वामी एम.एम.अग्रवाल (अब स्मृति शेष) बताते थे कि उनके पिताजी ने आंदोलनकारियों को बताया कि यह एक भारतीय का शोरूम है, तो उसे आग के हवाले नहीं किया गया। उन्होंने कुछ हफ़्ते पहले ही उसे एक गोरे से ख़रीदा था। उसके बाद कई शोरूमों के भारतीय मालिकों ने अपने शोरूम के बाहर बोर्ड लगवा दिया, जिन पर लिखा था 'इस शोरूम के स्वामी भारतीय हैं।' इसका असर हुआ और आंदोलकारियों ने उन शोरूमों को छोड़ दिया। एम.एम. अग्रवाल कनॉट प्लेस की एक बेहद शानदार शख़्सियत थे। वह 1980-84 और फिर 1993-97 के बीच नई दिल्ली ट्रेडर्स एसोसिएशन के प्रेसिडेंट भी रहे थे।

तब तक कनॉट प्लेस का पुलिस स्टेशन चालू नहीं हुआ था। उस दौर में संसद मार्ग थाने के अंतर्गत ही आता था कनॉट प्लेस। वहां के सिपाही हालात पर नियंत्रण रखने में कमज़ोर पड़ रहे थे। वे भी वहां के उग्र माहौल को देखकर दायें-बायें निकल गए थे। कनॉट प्लेस के लिए अलग से पुलिस स्टेशन बाबा खड़क सिंह रोड (पहले इरविन रोड) के एक सरकारी घर से चलता था। वहां बाद में अत्याधुनिक सुविधाओं से लैस पुलिस स्टेशन तामीर हुआ था।

कहते हैं, पेस्ट्री और केक के लिए तब भी मशहूर ए ब्लॉक में स्थित वैंगर्स उस दिन बंद था। ज़ाहिर है कि इसलिए वह बच गया था। तब इसे आयरिश मूल के डॉक्टर दंपती चलाते थे। वे संसद मार्ग में उस जगह पर रहते थे, जहां अब डीएलएफ़ का हेड ऑफ़िस है। यह इमारत बैंक ऑफ़ बड़ौदा बिल्डिंग और जंतर-मंतर के बीच में है।

हैरानी की बात है कि आंदोलनकारियों ने कनॉट प्लेस में चीनी मूल के भारतीयों के शोरूमों जैसे डी. मिनसन एंड कंपनी, चाइनीज़ आर्ट सेंटर, जॉन ब्रदर्स शूज़ वग़ैरह को किसी प्रकार का नुकसान नहीं पहुंचाया। एक तरह से आंदोलनकारी इन्हें भारतीय ही मानने लगे होंगे। डी. मिनसन एंड कंपनी के मालिक जॉर्ज च्यू कहते हैं कि संभवत: चीनी मूल के व्यापारियों के शोरूम इसलिए फूंके नहीं गए होंगे क्योंकि आंदोलनकारियों को पता होगा कि ये (चीनी) किसी भी भारतीय से कम देशभक्त नहीं हैं। इनमें से एक शोरूम अब भी कनॉट प्लेस में आबाद है।

1984: लूट, आगजनी और चीख़ें

कनॉट प्लेस में 1942 के 42 वर्षों बाद 31 अक्टूबर से 2 नवंबर 1984 के बीच भयंकर आगजनी हुई थी। सिखों के शोरूम जलाए गए और उन्हें बेशर्मी से लूटा गया था। देश की प्रधानमंत्री इंदिरा गांधी की दिल दहलाने वाली हत्या के बाद राजधानी के अनेक हिस्सों में हिंसा भड़क गई थी। सिख, उनके शोरूम और घर दंगाइयों के निशाने पर थे। उस आगजनी की चपेट में कनॉट प्लेस भी आ गया था। तब लगभग तीन दिनों तक दिल्ली जलती रही थी, सिखों का क़त्लेआम होता रहा था।

इसी दिल्ली में गांधीजी अंतिम बार 9 सितंबर, 1947 को आए थे। वह कलकत्ता (अब कोलकाता) आए और शाहदरा रेलवे स्टेशन पर उतरे। उन्हें स्टेशन पर लेने के लिए गृह मंत्री सरदार पटेल और स्वास्थ्य मंत्री राजकुमारी अमृत कौर पहुंचे थे। गांधीजी को रेलवे स्टेशन पर ही सरदार पटेल ने बता दिया था कि उनका मंदिर मार्ग/पंचकुइयां रोड की वाल्मीकि बस्ती के वाल्मीकि मंदिर में ठहरना सुरक्षित नहीं होगा। पंडित नेहरू भी यही चाहते थे कि बापू किसी सुरक्षित जगह पर ठहरें क्योंकि दिल्ली में दंगे-फसाद थम ही नहीं रहे थे। शाहदरा से बिड़ला हाउस तक के सफ़र में गांधीजी ने जलती दिल्ली को देख लिया था। वह समझ गए थे कि यहां

के हालात बेहद संवेदनशील हैं। उसके बाद वह दिन-रात माहौल शांत करवाने में जुट गए थे। उनके प्रयासों का असर भी हुआ था। दंगे रुक गए थे।

लेकिन 1984 में जब सिखों को चुन-चुन कर मारा जा रहा था, तब दिल्ली में कोई 'गांधी' नहीं था। कनॉट प्लेस के रीगल ब्लॉक में सिखों के बहुत से शोरूम 31 अक्टूबर 1984 की रात को ही स्वाहा कर दिए गए थे। उनमें एस एम एंड संस नाम का एक मशहूर रेडीमेड गारमेंट का शोरूम भी था। वह कनॉट प्लेस के सबसे मशहूर शोरूमों में से एक था। इसके अलावा भी कनॉट प्लेस में सिखों के बहुत से छोटे-बड़े शोरूम फूंके गए थे।

समाज सेवा के लिए पद्मश्री से सम्मानित जितेन्द्र सिंह शंटी सन् 1984 में 22 साल के थे। वह 31 अक्टूबर 1984 की शाम को कनॉट प्लेस में थे। उस दिन की डरावनी यादें वह जीवन भर नहीं भूल सकते। शंटी ने बताया, 'मुझे आज भी याद है कि श्रीमती इंदिरा गांधी की जिस दिन हत्या हुई थी, वह बुधवार का दिन था। उस रोज़ दिन भर पूरी दिल्ली में ख़ासा तनाव का माहौल था। इंदिराजी की मृत्यु का समाचार आते ही दंगे-फसाद शुरू हो गए। इसकी शुरुआत अखिल भारतीय आयुर्विज्ञान संस्थान (एम्स) से हुई और इसने सारी दिल्ली को अपनी जद में ले लिया। मैं उस दिन ईस्ट दिल्ली के कुछ इलाक़ों में गया था। सब जगहों पर इंदिराजी की ही बातें हो रही थीं। मैं शाम को पांच बजे के आसपास अपने दो अन्य दोस्तों के साथ कनॉट प्लेस में था, तब दंगाइयों ने सिखों पर हमले चालू कर दिए थे। कनॉट प्लेस से हम मिंटो रोड और राउज़ एवेन्यू होते हुए विवेक विहार की तरफ़ आ रहे थे। हमारे पास एक फ़िएट कार थी। तब तक सिखों को खोज-खोजकर मारा जा रहा था। सिख टैक्सी ड्राइवरों को अधिक निशाना बनाया गया था।' शंटी राजधानी में शहीद भगत सिंह सेवा दल नाम की सामाजिक संस्था के संस्थापक हैं।

कनॉट प्लेस के पास जनपथ पर कुछ टैक्सी स्टैंड्स पर काम करने वाले सिख ड्राइवरों को मारा गया और उनकी टैक्सियों को जला दिया गया था। उस क़त्लेआम को याद कर आज भी रोंगटे खड़े हो जाते हैं। सिख मारे जा रहे थे और पुलिस नदारद थी। मैं ख़ुद भी कनॉट प्लेस की उन घटनाओं को गवाह हूं। मैं ग्रेटर कैलाश से डीटीसी की 522 नंबर की बस से मिंटो रोड अपने घर आ रहा था। मुझे प्लाज़ा के स्टैंड पर उतरना था। यक़ीन मानिए, जैसे ही बस कोटला पहुंची, समझ आने लगा था कि दिल्ली में आज बड़ा बवाल हो रहा है। बस रेंग रही थी।

आसमान काले धुएं से डरावना लग रहा था। सड़कों पर जगह-जगह टायर जलते दिखाई दे रहे थे। लग रहा था जैसे हत्यारी भीड़ को इस बात की पूरी स्वतंत्रता दी गई थी कि वह जो चाहे वह कर सकती है। 1984 के सिख विरोधी दंगे दिल्ली पर एक कलंक हैं।

आज भी आपको दिल्ली में हज़ारों लोग मिल जाएंगे, जिन्होंने कनॉट प्लेस की सड़कों पर डीटीसी की बसों को जलते हुए देखा था। पर कनॉट प्लेस के पास मिंटो रोड की गांधी मार्केट में सिख दुकानदारों पर हमला करने आई भीड़ के सामने गांधी मार्केट के कारोबारी और सोशल वर्कर अरुणेश शर्मा पिंकी और उनके छोटे भाई राजेश शर्मा अपने साथियों के साथ खड़े हो गए। इनके फ़ौलादी इरादों के सामने हमलावारों की एक नहीं चली और वे वहां से भाग गए थे। अरुणेश शर्मा पिंकी मिंटो रोड और नई दिल्ली के प्रमुख सोशल वर्कर थे। वह अपना सारा ध्यान समाज सेवा पर लगाते थे। कोविड की दूसरी लहर के समय अरुणेश शर्मा कोविड मरीज़ों के लिए बेड से लेकर प्लाज़्मा वग़ैरह की व्यवस्था कर रहे थे। वह ख़ुद भी कोविड की चपेट में आ गए थे। हालांकि वक़्त रहते उन्हें एक प्रमुख अस्पताल में भर्ती भी करवा दिया गया, पर उनकी स्थिति बिगड़ती ही रही और 25 अप्रैल 2021 को एक हमेशा मुस्कुराने वाला शख़्स संसार से विदा हो गया। 63 साल के अरुणेश शर्मा की आकस्मिक मृत्यु से मिंटो रोड तो मानो बेहाल हो गया था।

बम विस्फ़ोट से दहल गया था सीपी

कनॉट प्लेस में 13 सितम्बर 2008 को बम विस्फ़ोट हुए थे। वह शनिवार का दिन था और वीकएंड होने के कारण कनॉट प्लेस लोगों से भरा हुआ था। उस रोज़ शाम को कनॉट प्लेस और दिल्ली की कुछ अन्य जगहों पर 30 मिनट के अंतराल पर एक के बाद एक पाँच सिलसिलेवार बम धमाके हुए, जिनमें कम-से-कम बीस लोग मारे गए थे और नब्बे से ज़्यादा घायल हुए थे।

कनॉट प्लेस के अलावा ये धमाके करोल बाग की गफ़्फ़ार मार्केट और ग्रेटर कैलाश पार्ट वन में हुए थे। पहला धमाका इलेक्ट्रॉनिक सामान के लिए मशहूर गफ़्फ़ार मार्केट में शाम 6:10 पर हुआ। विस्फ़ोटक एक ऑटो में रखा था। इस धमाके में कम से कम बीस लोग ज़ख़्मी हुए और कई गाड़ियां क्षतिग्रस्त हो गईं। घायलों को पास के राम मनोहर लोहिया अस्पताल में भर्ती कराया गया। कुछ ही

देर बाद कनॉट प्लेस में दो धमाके हुए। इनमें दस लोगों के घायल होने की पुष्टि हुई। दो और धमाके ग्रेटर कैलाश-1 की एम. ब्लॉक मार्केट में हुए। इस भयानक आतंकी घटना ने दिल्ली ही नहीं, पूरे देश को हिला दिया था। आतंकियों के हौसले इतने बुलंद थे कि उन्होंने बम धमाकों से पहले कई मीडिया हाउसेज़ को ई-मेल भेजकर कहा था कि पांच मिनट में धमाके होने वाले हैं। रोक सको, तो रोक लो। यह ई-मेल इंडियन मुजाहिदीन (आईएम) के नाम से किया गया था। 2011 तक इस सीरियल ब्लास्ट के सिलसिले में 13 लोगों को गिरफ़्तार किया गया था।

त्रिवेणी से गन्धर्व महाविद्यालय

हो सकता है कि युवा पीढ़ी को मालूम ना हो कि एक ज़माने में राजधानी की कला और सांस्कृतिक गतिविधियों का केन्द्र भी कनॉट प्लेस ही हुआ करता था। कनॉट प्लेस में गन्धर्व संगीत महाविद्यालय, त्रिवेणी कला संगम, भारतीय कला केन्द्र वग़ैरह होते थे। मतलब यहां संगीत प्रेमी, लेखक, शास्त्रीय संगीत के जानकार वग़ैरह पहुंचते थे। गन्धर्व संगीत महाविद्यालय की स्थापना सन् 1939 में ग्वालियर घराने के संगीतज्ञ पद्मश्री विनयचन्द्र मुद्गल ने की थी। पहले यह कनॉट प्लेस से संचालित होता था। इसे 1972 में इसके वर्तमान स्थान राउज़ एवेन्यू पर शिफ़्ट कर दिया गया था। दिल्ली का गन्धर्व महाविद्यालय संगीत के क्षेत्र में अपना एक अलग मुक़ाम रखता है। यह प्रतिवर्ष विष्णु दिगम्बर उत्सव का भी आयोजन करता है।

इस बीच त्रिवेणी कला संगम भी सन् 1956 तक कनॉट प्लेस में ही था। तानसेन मार्ग के त्रिवेणी कला केन्द्र के लिए भूमि 1956 में आवंटित हुई थी। गुजराती मूल की समाज सेविका विद्या बेन शाह और कलाधर्मी और महान नृत्य गुरु उद्य शंकर की शिष्या सुंदरी श्रीधारणीजी की चाहत थी कि राजधानी में संगीत, नृत्य और चित्रकारी में दिलचस्पी लेने वाले एक छत के नीचे बैठकर इन कलाओं को सीखें। तब ये दोनों किसी तरह प्रधानमंत्री पंडित जवाहरलाल नेहरू से मिलीं। उन्हें सारी बात समझाई। नेहरू जी को बात समझ आ गई। उन्होंने तुरंत भूमि का आवंटन करवाया।

जिस सड़क पर त्रिवेणी है, वह तब तक लगभग अनाम सड़क थी। इसे तानसेन मार्ग नाम यहां त्रिवेणी कला संगम के आने के बाद मिला। त्रिवेणी को डिज़ाइन किया था दिल्ली में बसे अमेरिकी मूल के आर्किटेक्ट जोसेफ़ एलेन स्टाइन ने। त्रिवेणी में श्रीधारणीजी के नाम पर एक गैलरी भी है।

कनॉट प्लेस में गुज़रे वर्षों के दौरान बहुत कुछ बदला, पर यहां की शंकर मार्केट में अब भी आबाद है इप्टा का दफ़्तर। इप्टा स्वाधीनता आंदोलन के समय मज़दूरों

की आवाज़ बनकर उभरा और देखते ही देखते अपने लिए एक ख़ास जगह बनाने में सफल हो गया। इप्टा को अंग्रेज़ी में इंडियन पीपुल्स थिएटर एसोसिएशन (इप्टा) और हिन्दी में भारतीय जननाट्य संघ कहा जाता है। 25 मई 1943 को मुंबई में इसकी स्थापना हुई थी। राजधानी में एक दौर में संगीत, नाटक, चित्रकला, लेखन, फ़िल्म से जुड़ा शायद ही कोई संस्कृतिकर्मी होगा, जो इप्टा से नहीं जुड़ा होगा।

अब ना जाने कितने लोगों को याद होगा कि भारतीय कला केन्द्र भी कनॉट प्लेस में हुआ करता था। इसकी स्थापना श्रीमती सुमित्रा चरतराम ने की थी। उन्होंने ही प्रख्यात आर्किटेक्ट शिवनाथ प्रसाद को भारतीय कला केन्द्र, जिसे बाद में श्रीराम कला केन्द्र कहा जाना लगा, के डिज़ाइन का काम सौंपा था। वह दिल्ली की कला और सांस्कृतिक जीवन की जान थीं। उनकी चाहत थी कि दिल्ली में रंगमंच में दिलचस्पी रखने वालों को एक स्तरीय स्पेस मिले। नई इमारत मौजूदा सफ़दर हाशमी मार्ग में सन् 1970 में बनी। इसने दिल्ली में रंगमंच, नृत्य और संगीत की गतिविधियों को गति दी।

श्रीमती सुमित्रा चरत राम पत्नी थीं डीसीएम समूह के शिखर पुरुष लाला चरत राम कीं।

बरखा बहार आई

कनॉट प्लेस का स्थायी भाव है रौनक और मस्ती। किसी के पास वक़्त नहीं है। सब मौज में हैं। ऐसे में आपको अचानक से बांसुरी की मीठी तान पर अगर 'ओ सजना, बरखा बहार आई, रस की फुहार लाई, अंखियों में प्यार लाई...' गीत की धुन सुनने को मिले, तो आप क्या कहेंगे! परम आनंद की अनुभूति होगी ही। आप खड़े हो जाएंगे पार्श्व से आ रही मधुर धुन को सुनने के लिए।

कनॉट प्लेस के ई-ब्लॉक के बरामदे में 1972 से गौतम बांसुरी से भजन और अमर गीतों की धुनें बजा रहे हैं। इस दौरान उनकी जगह नहीं बदली। उनकी बांसुरी से फूटने वाली संगीत की धारा का आनंद लेने वाले बीच-बीच में रुक जाते हैं। गौतम अमर भजन जैसे 'तेरा रामजी करेंगे बेड़ा पार, उदास मन काहे को करे...' या 'सुख के सब साथी दुःख में ना कोई, मेरे राम...' की धुनें जब बांसुरी पर बजाते हैं, तो एक बार दिल से आवाज़ निकलती है - 'वाह!' उनके भजनों को सुनकर कुछ लोग इतने भावुक हो जाते हैं कि उनकी आंखें ही नम हो जाती हैं।

गौतम से कनॉट प्लेस में घूमने वाले बांसुरी ख़रीदते भी रहते हैं। इन्हीं क़द्रदानों से गौतम की गृहस्थी चलती है। कब से कनॉट प्लेस में बांसुरी बजा रहे हैं? अपने चश्मे को रूमाल से साफ़ करते हुए गौतम बताते हैं, 'मैंने 1962 में यहां बूट-पॉलिश करना चालू किया था। तब ग्यारह साल का था। करोल बाग में रहता था। वहां रोज़ कई साधु भजन गाते हुए निकलते थे। उनको सुन-सुनकर संगीत के प्रति दिलचस्पी गहरी होने लगी।'

गौतम के सबसे प्रिय भजनों में 'अल्लाह तेरो नाम, ईश्वर तेरो नाम' है। वह रोज़ इस भजन की तान अवश्य छेड़ते हैं। एम.एफ़. हुसैन, राजकपूर और नौशाद तक ने गौतम को सुना है।

शायद यह बात 1990 की है। एक दिन गौतम आंखें बंद करके 'अल्लाह तेरो नाम...' भजन की धुन बजा रहे थे। क़रीब पंद्रह मिनट बाद आंखें खुलीं, तो उनके

सामने खड़े थे एम.एफ़. हुसैन। हुसैन साहब ने उन्हें कुछ और सुनाने को कहा। अब तक वहां अच्छी-ख़ासी भीड़ जुट चुकी थी। हुसैन साहब की फ़रमाइश पर अब गौतम ने बजाई बॉबी फ़िल्म के गीत 'अंखियों को रहने दे, अंखियों के आस-पास...' गीत की धुन। इसे सुनते ही हुसैन साहब गद्द्द हो गए। कहने लगे, 'जियो भाई।' गौतम से विदा लेते हुए उन्होंने गौतम को एक हज़ार रुपये इनाम में दिए। यह क़िस्सा सुनाते हुए गौतम की आंखें भीग चुकी थीं। कुछ सामान्य हुए, तो फिर बांसुरी उठा ली। अब गौतम ने बजाई 'देख कबीरा रोया' फ़िल्म के गीत 'कौन आया मेरे मन के द्वारे...' गीत की धुन। एक बार फिर से संगीत प्रेमी गौतम के आसपास जुटने लगे।

एम.एफ़. हुसैन कनॉट प्लेस की धूमिमल गैलरी में दशकों आते-जाते रहे थे।

भैया पान खा लो

आपको अब कनॉट प्लेस में स्तरीय पान की दुकान बड़ी मुश्किल से मिलेगी। रीगल बिल्डिंग में बमुश्किल कोई पनवाड़ी मिलेगा। हो यह रहा है कि पान का ठीया लगाने वाले बैठे हैं, पर वे पान नहीं बेच रहे हैं। वे पान मसाला या सिगरेट ही बेच रहे हैं।

ओडियन, यूसुफ़ज़ई मार्केट और कुछ रेस्तरांओं के बाहर पान वाले हैं, पर ये मोटा-मोटी मीठा पान ही पेश कर रहे हैं। चूंकि इन पान की दुकानों का चरित्र बदला है इसलिए इन के आसपास रोचकता का माहौल नहीं मिल पाता। क़ायदे की पान की दुकानों के बाहर सारी दुनिया की ख़ासमख़ास घटनाओं पर बारीक़ी से चर्चा जारी रहती है। वहां दिन भर आत्ममुग्ध और ऊंची-ऊंची हांकने वाले आते रहते हैं, बहसें जारी रहती हैं।

क्या पान के क़द्रदान कम हो गए हैं? क्या नई पीढ़ी को पान खाना डाउन मार्केट लगता है? इन सवालों के जवाब देना संभव नहीं है, पर पान के शैदाइयों की स्थिति कष्टकारी तो हो रही है। कुछ साल पहले तक सेंट्रल पार्क के भीतर और कनॉट प्लेस में मोबाइल पान वाले भी घूम रहे होते थे या कहीं बैठे मिल जाते थे। इनकी टोकरी में पान की दुनिया का समस्त सामान रहता था। पान के अलावा छोटी-छोटी डिब्बियों में कत्था, चूना, सुपारी, इलायची, गुलकंद, सौंफ आदि। ये सच्चे पान वाले थे। ये अपने पास सिगरेट नहीं रखते थे। इनसे लेने-खानेवाले पान चबाने के बाद पिचकारी करते हुए आगे निकल जाते थे।

कनॉट प्लेस से सटी बंगाली और गोल मार्केट में भी अब ले-देकर एक-दो ही पान की दुकानें चल रही हैं, पर इनमें पान खाने के बाद वहां पर गप करने वाले नहीं मिलते। अब बंद हो गए निरूलाज़ रेस्तरां के बाहर बैठे एक पुराने पनवाड़ी ने पान की दुकानों के घटने के लिए अपनी बिरादरी को ही कोसा। उसका कहना था कि क़ायदे की पान की दुकान में दो बातें ज़रूर होनी चाहिए। पहली, उधार

देने का चलन। दूसरा, ग्राहक की पहचान। पनवाड़ी को ग्राहक की पसंद के पान का पता होना चाहिए। दरअसल पान खाने वाला यह उम्मीद करता है कि पनवाड़ी उसे देखते ही उसकी पसंद का पान तैयार कर देगा। इस बात को पान खानेवाला अपने सम्मान से जोड़कर देखता है और अपने मित्रों को बताता है कि फ़लां-फ़लां पानवाला जानता है कि उसे कौन-सा पान पसंद है। अब ये दोनों ही गुण पनवाड़ियों की नई पीढ़ी को मालूम नहीं हैं।

कनॉट प्लेस में बीते कुछ वर्षों में बहुत कुछ बदला है। नए शो-रूम खुले, पुराने बंद हुए। भीड़ बढ़ी है, पर अब भी आपको कम से कम सेंट्रल पार्क के भीतर और पालिका बाज़ार के ऊपर बने पार्क में मोबाइल पानवाले घूमते हुए मिल जाएंगे। इनकी संख्या तो घटी है, पर चांदनी चौक और फ़तेहपुरी जैसे इलाक़ों में मोबाइल पनवाड़ी आराम से मिल जाते हैं। आप इनसे लेकर मज़े से अपनी पसंद का पान खाइए।

क्या नहीं होता इन पनवाड़ियों के पास?

अधिकतर मोबाइल पनवाड़ी पूर्वी उत्तर प्रदेश या बिहार से हैं। हमें यहां एक भी सिंधी पनवाड़ी नहीं मिला। मोबाइल पनवाड़ी घूमते रहते हैं। कभी-कभी कहीं बैठ भी जाते हैं, पर इनका कोई तय ठीया नहीं होता इसलिए इनके आसपास रोचकता का माहौल नहीं मिल पाता।

क्या बात थी बुंद्दू के पान की!

दिल्ली-6 का वह कौन-सा पान का शैदाई होगा, जिसने बुंद्दू के हाथ से लगे पान का स्वाद नहीं लिया होगा। जो बुंद्दू के पान एक बार खा लेता, उसके बाद वह फिर दूसरे किसी पनवाड़ी के पास जाने के बारे में सोचता भी नहीं था। जामा मस्जिद के पास उर्दू बाज़ार में जगत सिनेमा के पास ठीया हुआ करता था बुंद्दू का। बुंद्दू दरअसल पहलवान था। वह देसी पत्ते पर पान लगाकर दिया करते था। दिल्ली में बनारसी पत्ता सत्तर या कहें की अस्सी के दशक तक मिलता नहीं था। बुंद्दू का पान खाते ही आप मौज की स्थिति में पहुंच जाते थे। बुंद्दू ने क़रीब चालीस वर्षों तक पान खिलाया। वह ख़ुद कत्था, चूना और छालिया तैयार करवाता था और अपने ग्राहकों से इशारों में ही बात करता था। अगर उनका कोई पुराना ग्राहक उन्हें बता देता कि पान इस तरह का बनेगा, तो वह अपमानित महसूस करता था। उसका मानना था कि उसे अपने सब चाहने वालों की पसंद मालूम है। बुंद्दू

के बाद उसके पुत्र ने उनके ठीये को संभाला, पर कुछ समय बाद उसने पनवाड़ी के धंधे से तौबा कर ली।

कूचा पाती राम का तिलक राम पनवाड़ी

क्या सीताराम बाज़ार के कूचा पाती राम और आसपास रहने वाले पान खाने के शौकीन कभी तिलक राम पनवाड़ी के पान का स्वाद भूल सकते हैं? तिलक राम रोज़ सैकड़ों लोगों को पान खिलाते और इतने ही पान के बीड़े बनाकर देते थे। उनके पान के बीड़े सुबह से ही चावड़ी बाज़ार, सीताराम बाज़ार और आसफ़ अली रोड तक की दुकानों और दफ़्तरों में जाने लगते थे। हमेशा सफ़ेद कुर्ता-पायजामा पहनने वाले तिलक राम से कोई लाइन तोड़कर पान नहीं ले सकता था। उनकी कामयाबी का एक राज़ यह भी था कि वह अपने पुराने ग्राहकों को पान उधार में खुशी से खिलाते थे। कहते हैं कि जो पनवाड़ी उधार का काम करता है, उसे ही कामयाबी मिलती है। उन्हें ग्राहकों की पहचान थी। सीताराम बाज़ार के पुराने लोग बताते हैं कि तिलक राम के बेटे ने भी अपने पिता के काम को आगे नहीं चलाया। वह दिल्ली पब्लिक स्कूल में पढ़ा था। उसने एक कंपनी की नौकरी कर ली थी।

गांधी सीपी में

कनॉट प्लेस के मरीना होटल (अब रेडिसन ब्लू) के साथ महात्मा गांधी के हत्यारे नाथूराम गोडसे का नाम जुड़ा हुआ है। गांधी हत्याकांड की जांच करने वाले कपूर कमीशन को पढ़कर साफ़ हो जाता है कि गांधीजी के हत्यारे मरीना होटल भी रहे थे।

कपूर कमीशन के अनुसार, 'गांधीजी की हत्या का प्रयास 20 जनवरी 1948 को भी हुआ लेकिन तब गांधीजी बच गए। बाद में यह भी पता चला कि वह एक क्रूड देसी क़िस्म का बम था, जिसमें नुकसान पहुंचाने की ज़्यादा क्षमता नहीं थी।' उस विस्फ़ोट के लिए मदन लाल पाहवा नाम के शख़्स को पकड़ा गया था। वह गांधीजी को चोट पहुंचाना चाहता था। वह नाथूराम गोडसे, गोपाल गोडसे, नारायण आप्टे, विष्णु करकरे वग़ैरह का साथी था। ये सब गांधीजी की जान के प्यासे थे ही। जिस दिन धमाका हुआ था, उसी दिन प्रार्थना सभा में गांधीजी ने कहा कि जिस किसी ने भी यह कोशिश की थी, उसे मेरी तरफ़ से माफ़ कर दिया जाए।

ये सब 20 जनवरी 1948 को कनॉट प्लेस से टैक्सी लेकर बिड़ला हाउस पहुंचे थे। इनकी बैठकें कनॉट प्लेस के मरीना होटल और मंदिर मार्ग के हिन्दू महासभा भवन में हो रही थीं। इनका इरादा था कि पहले प्रार्थना सभा में बम फेंका जाएगा। जब वहां भगदड़ मच जाएगी, तो गांधीजी पर गोलियां बरसा दी जाएंगी। पाहवा और विष्णु करकरे पहले बिड़ला हाउस पहुंच जाते हैं। शेष को टैक्सी ड्राइवर सुरजीत सिंह लेकर आता है। सुरजीत सिंह बाद में सरकारी गवाह बन गया था। मदन लाल पाहवा बिड़ला हाउस में एक फ़ोटोग्राफ़र के रूप में पहुंचा था।

20 जनवरी 1948 के बाद नाथूराम गोडसे ने गांधीजी को ख़ुद मारने का ज़िम्मा लिया। उसने नारायण आप्टे और विष्णु रामकृष्ण करकरे के साथ पुणे में अपने प्लान को अंजाम देने की योजना बनाई। इस योजना के तहत करकरे ने पहले दिल्ली पहुंचकर माहौल का जायज़ा लिया। फिर 27 जनवरी 1948 को मुंबई से

आऐ और गोडसे भी दिल्ली पहुंचे। गोडसे और आऐ रेल से उसी दिन भोपाल निकल गए। दोनों 29 जनवरी 1948 को फिर दिल्ली आ गए। यहां गोडसे और आऐ मरीना होटल के कमरा नम्बर 40 में ठहरे। उन्होंने होटल में अपना नाम क्रमश: एम. देशपांडे और एस. देशपांडे लिखवाया था। ज़ाहिर है कि तब तक होटलों में कोई पहचान पत्र नहीं देखा जाता होगा। हालांकि तब से अब तक कनॉट प्लेस में बहुत कुछ बदल गया है, पर मरीना होटल का स्वामित्व एक पंजाबी मुस्लिम परिवार के पास ही है।

इन पंजाबी मुसलमानों की दिल्ली में अच्छी-ख़ासी आबादी है। ये पंजाबी नहीं जानते। ये दिल्ली में क़रीब ढाई सौ वर्षों से भी ज़्यादा समय से हैं। इसी समाज के वरिष्ठ सदस्य और मरीना होटल के मालिक डॉ. रियाज़ उमर कहते हैं कि हमारे सारे ख़ानदान को इस बात का रंज रहा कि गांधीजी के हत्यारे हमारे होटल में ठहरे। वह दिल्ली के ज़ाकिर हुसैन कॉलेज के प्रिंसिपल भी रहे।

सीपी में देवदास गांधी

आप कह सकते हैं कि गांधीजी का अपने सबसे छोटे पुत्र देवदास गांधी की वजह से भी कनॉट प्लेस से संबंध रहा। देवदास गांधी (1900-1957) 1940 में हिन्दुस्तान टाइम्स के संपादक बन गए थे। इसके बाद उन्हें कनॉट प्लेस के एन ब्लॉक में ही बिड़ला परिवार की तरफ़ से एक फ़्लैट मिल गया था। तब हिन्दुस्तान टाइम्स कनॉट प्लेस की बॉम्बे लाइफ़ बिल्डिंग से प्रकाशित होता था। यह बिल्डिंग अब भी है। यहां से हिन्दुस्तान टाइम्स कस्तूरबा गांधी मार्ग पर 1975 में शिफ़्ट हुआ था।

देवदास गांधी के साथ उनकी पत्नी लक्ष्मी और उनकी चार संतानें क्रमश: तारा गांधी भट्टाचार्य, राजमोहन गांधी, रामचंद्र गांधी और गोपाल कृष्ण गांधी भी यहां रहते थे। लक्ष्मीजी गांधीजी के सहयोगी एवं प्रमुख स्वतंत्रता सेनानी राजाजी (चक्रवर्ती राजगोपालाचारी) की सुपुत्री थीं। गांधीजी अपने पुत्र देवदास गांधी के कनॉट प्लेस स्थित फ़्लैट में कभी नहीं गए। वह जब बिड़ला हाउस में रह रहे थे, तब भी कभी देवदास के घर में नहीं गए, पर राजाजी का वहां आना-जाना लगा रहता था। तारा गांधी भट्टाचार्य कहती हैं, 'स्वाधीनता संग्राम के उस असाधारण युग में पिताजी (देवदास गांधी) के लिए गंभीर दायित्व की पत्रकारिता की चुनौती रहती थी। पिताजी के इस दायित्व के कार्य की सुविधा के लिए हम हरिजन आश्रम

छोड़कर कनॉट प्लेस के हिन्दुस्तान टाइम्स के अपार्टमेंट में रहने आ गए थे। 1940-41 की बात है, जब नई दिल्ली का नीला स्वच्छ आकाश रात को चमकते नक्षत्रों से भरा दिखाई देता था।'

गांधीजी की 30 जनवरी 1948 को हत्या का समाचार जब देवदास गांधी को मिला, तब वह हिन्दुस्तान टाइम्स के अपने दफ़्तर में ही थे। इस ख़बर के मिलते ही वह दफ़्तर से मिली डॉज कार से बिड़ला हाउस पहुंचे। उस कार को पंडित ज्योति प्रकाश नाग चला रहे थे। नाग साहब का परिवार भी वहीं रहता था। नाग साहब आगे चलकर हिन्दुस्तान टाइम्स के ट्रांसपोर्ट डिपार्टमेंट के हेड बने। नाग साहब हिमाचल प्रदेश से थे। उन्हें गांधीजी भी पहचानते थे। उनके दो पुत्र - सुनील और सुरेन्द्र क्रमशः द्वारका और नोएडा में रहते हैं।

कौन थे नंदलाल मेहता?

कनॉट प्लेस एम-96 के पास दिन के वक़्त काफ़ी चहल-पहल रहती है, पर किसी को मालूम नहीं कि इस एम-96 में कभी रहता था एक वह शख़्स, जिसकी गवाही के आधार पर दिल्ली पुलिस ने लिखी थी महात्मा गांधी हत्याकांड की एफ़आईआर रिपोर्ट। उस इंसान का नाम था नंदलाल मेहता। उनका रिश्ता दिल्ली में बस गए एक गुजराती परिवार से था। वह परिवार कनॉट प्लेस में ही रहता था। नंदलाल मेहता के पिता नत्था लाल मेहता बिज़नेसमैन थे। नंदलाल मेहता प्रतिदिन गांधीजी की अलबुकर्क रोड (अब तीस जनवरी मार्ग) स्थित बिड़ला हाउस में होने वाली प्रार्थना सभा में उपस्थित रहते थे। उनकी भांजी अवनी पारेख ने बताया था कि उनके मामा रोज़ पैदल ही कनॉट प्लेस से बिड़ला हाउस आते-जाते थे।

उस मनहूस 30 जनवरी 1948 को राजधानी में सूरज नहीं निकला था। कोहरे और जाड़े के कारण सड़कों पर लोग ज़्यादा नहीं थे। दिल्ली घरों के अंदर सिमटी हुई थी, पर नंदलाल मेहता पौने पांच बजे से कुछ पहले ही प्रार्थना सभा स्थल पर पहुंच गए थे। ख़ैर, उसके बाद वहां जो हुआ, वह तो सबको मालूम ही है। गांधी की हत्या के बाद पुलिस वहां मौजूद कई लोगों को तुगलक रोड पुलिस स्टेशन ले गई। उनमें नंदलाल मेहता भी थे। उनसे चंद क़दमों की दूरी पर गांधीजी पर गोलियां बरसाई गई थीं। उनसे पूछकर रात को क़रीब दस बजे तुगलक रोड थाने के एएसआई डालू राम ने एफ़आईआर लिखी। उसका नंबर 48 था।

'मैं प्रार्थना स्थल पर तिमारपुर के निवासी सरदार गुरुबचन सिंह और नरेन्द्र पैलेस, संसद मार्ग में रहने वाले ब्रज कृष्ण चांदीवाला के साथ बैठा था। वहां बिड़ला परिवार के कुछ सदस्य भी उपस्थित थे। जब गांधीजी प्रार्थना स्थल पर पहुंचे, तो मैंने देखा कि नाथूराम विनायक गोड्से (मुझे जिसके नाम के बारे में बाद में पता चला), वहां उपस्थित कई लोगों को धकेलते हुए गांधीजी के सामने बढ़ा। उसने उन पर दो-तीन फ़ीट की दूरी से तीन गोलियां चलाईं। गोलियां लगने के बाद बापू के शरीर से ख़ून बहने लगा। वह ज़मीन पर गिरते ही 'राम-राम' कहने लगे। इस बीच, हत्यारे को धर दबोचा गया और लोग बापू को बिड़ला हाउस लोग ले गए।'

यह जानकारी नंदलाल मेहता ने पुलिस को दी। एफ़आईआर लिखे जाते वक़्त 1941 में बने थाने में दिल्ली के इंस्पेक्टर जनरल पुलिस डी.सजीवी, डिप्टी इंस्पेक्टर जनरल पुलिस डी.डब्ल्यू मेहता वग़ैरह भी मौजूद थे। हालांकि डी.डब्ल्यू मेहता को उस दिन तेज़ बुख़ार था। वह सुबह से ही चांदनी चौक इलाक़े में सफ़ाईकर्मियों की हड़ताल को ख़त्म करवाने की कोशिश कर रहे थे। सफ़ाईकर्मी किसी बात पर दिल्ली पुलिस से नाराज़ थे। एफ़आईआर उर्दू में लिखा गया था। ज़ाहिर है, बापू की हत्या के बाद नंदलाल मेहता का बिड़ला हाउस जाना बंद हो गया, पर वह लगातार गांधी समाधि जाने लगे। नंदलाल मेहता की 1968 में मृत्यु हो गई थी। उसके बाद उनके परिवार ने भी कनॉट प्लेस को छोड़ दिया था।

गुरुदेव टेगौर के साथ

गुरुदेव रबीन्द्रनाथ टेगौर जनवरी, 1940 में अपनी संगीत मंडली के साथ दिल्ली में थे। वह शांति निकेतन के लिए धन जुटाने के लिए यहां आए थे। गुरुदेव की मंडली को कनॉट प्लेस के रीगल में भी अपना कार्यक्रम देना था। तब रीगल में नाटक और संगीत के कार्यक्रम भी आयोजित होते थे। उस दौरान महात्मा गांधी भी दिल्ली में ही थे। उन्हें जब पता चला कि गुरुदेव संगीत कार्यक्रम पेश करेंगे, तो वह सीधे उनके पास पहुंचे। तब गुरुदेव दरियागंज के एक बंगाली परिवार के पास ठहरे थे। गांधीजी ने उन्हें एक सम्मानजनक राशि भेंट की और आग्रह किया कि वह अपने गिरते स्वास्थ्य को देखते हुए अपना रीगल का कार्यक्रम रद्द कर दें। गुरुदेव का स्वास्थ्य तब तक काफ़ी ख़राब रहने लगा था। अपनी उस दिल्ली यात्रा के समय गुरुदेव रबीन्द्रनाथ टेगौर मंदिर मार्ग (तब रीडिंग रोड) स्थित रायसीना बंगाली स्कूल में भी गए थे। उनकी मृत्यु 7 अगस्त 1941 को हुई। इसलिए माना जा सकता है कि वह रायसीना बंगाली स्कूल में जनवरी, 1940 में आए होंगे।

सही-सही तारीख़ की जानकारी स्कूल के पास भी उपलब्ध नहीं है। उन्होंने तब रायसीना बंगाली स्कूल की नई लाइब्रेरी का उद्घाटन किया था।

ख़ैर, यह तो संभव है कि गांधीजी कभी कनॉट प्लेस में ना आए हों, पर यह नहीं माना जा सकता कि वह इसके गोल चक्कर के आसपास से भी कभी ना गुज़रे हों। गांधीजी के कई क़रीबी कनॉट प्लेस में या इससे सटी किसी जगह पर रहे। अब उनके महान जीवनीकार लुईस फ़िशर को ही लें। लुईस फ़िशर 25 जून 1946 को दिल्ली आए थे। वह सफ़दरजंग एयरपोर्ट पर विमान से उतरने के बाद सीधे टैक्सी से जनपथ (तब क्वींस एवेन्यू) पर स्थित इंपीरियल होटल पहुंचे। तब तक पालम एयरपोर्ट नहीं बना था। फ़िशर लॉबी में ही अपना सामान रखकर होटल से पंचकुइयां रोड निकल गए थे। उन्हें वाल्मीकि मंदिर में महात्मा गांधी से मिलना था। वह गांधीजी की जीवनी लिखने के लिए उनसे मिल रहे थे। बापू तब वाल्मीकि मंदिर परिसर के भीतर बने एक छोटे से कमरे में ही रहते थे। जनपथ से पंचकुइयां रोड जाते हुए कनॉट प्लेस तो आएगा। तब कनॉट प्लेस की सड़कों पर आज की तरह ट्रैफ़िक कहां होता था! हालांकि तब तक कनॉट प्लेस के आसपास रीडिंग रोड (अब मंदिर मार्ग), इरविन रोड (अब बाबा खड़क सिंह मार्ग), मिंटो रोड वग़ैरह पूरी तरह से आबाद थे।

लुई फ़िशर गांधीजी पर लिखी जीवनी 'द लाइफ़ ऑफ़ महात्मा' में लिखते हैं कि वह दिल्ली में रोज़ गांधीजी से एक घंटे के लिए मिलने लगे। वह ठहरे हुए थे जनपथ स्थित इंपीरियल होटल में।

लुई फ़िशर यहां आम-ख़ास लोगों से मिलने के लिए टैक्सी में ही सफ़र कर रहे थे। उन दिनों काली-पीली रंग की टैक्सियां चलती थीं। उन्हें एक दिन मोहम्मद अली जिन्ना से भी उनके 10, औरंगज़ेब रोड (अब एपीजे अब्दुल कलाम रोड) वाले बंगले में मिलना था। जिन्ना ने उन्हें सुबह साढ़े दस बजे मिलने का समय दिया था। फ़िशर अपने होटल से टैक्सी पर निकले। अभी टैक्सी कुछ ही देर चली थी कि उसमें गड़बड़ चालू हो गई। टैक्सी के सिख ड्राइवर के लाख चाहने के बाद भी बात नहीं बनी। इस बीच जिन्ना से मिलने का वक़्त भी हो रहा था। वह किसी तरह तांगे पर बैठकर ही जिन्ना के घर पैंतीस मिनट देर से पहुंचे। यह क़िस्सा उन्होंने ख़ुद गांधीजी की जीवनी में लिखा है। तब नई दिल्ली की सड़कों पर तांगे भी दौड़ा करते थे। ज़ाहिर है फ़िशर उनसे भी गांधीजी और मुस्लिम लीग की भारत को बांटने की मांग वग़ैरह पर गुफ़्तुगू करने के लिए ही गए होंगे। पर जिन्ना उनके

देर से पहुंचने से कुछ उखड़ गए थे। बातचीत शुरू होने के चंद मिनट के बाद ही जिन्ना ने फ़िशर को कह दिया, 'मुझे कहीं निकलना है।' तो क्या जिन्ना अपने राजनीतिक शत्रु गांधीजी के संबंध में उनके जीवनी लेखक से बात करने के मूड में नहीं थे? लुई फ़िशर 18 जुलाई 1946 को गांधीजी से अंतिम बार मिलने के बाद अमेरिका लौट गए। वह लगभग डेढ़ महीने दिल्ली में ही रहे। इस दौरान वह कभी तो शॉपिंग करने कनॉट प्लेस भी गए होंगे। उन्हीं की लिखी गांधीजी की जीवनी के आधार पर 'गांधी' फ़िल्म बनी थी।

राष्ट्रीय चरखा संग्रहालय भी कनॉट प्लेस में है। यह पालिका बाज़ार के क़रीब के पार्क में स्थापित किया गया है। इसका निर्माण संयुक्त रूप से नई दिल्ली नगरपालिका परिषद और खादी विकास और ग्रामोद्योग आयोग ने कराया है। इस संग्रहालय की ख़ासियत यह है कि इसमें 26 फ़ीट (9 मीटर) लंबा और 13 फ़ीट (3.5 मीटर) ऊँचा क्रोमियम स्टेनलेस स्टील से बना चरखा रखा है। यह पाँच टन वज़नी है और इस पर गर्मी का कोई प्रभाव नहीं पड़ता है। साथ ही यह ज़ंग प्रतिरोधी, ग़ैर-चुंबकीय भी है। यह चरखा दुनिया का सबसे बड़ा चरखा है। यह 9 मीटर लंबी और 6 मीटर चौड़ी खुली जगह पर स्थापित किया गया है। संग्रहालय में स्थापित अन्य चीज़ों में इस बड़े चरखे के समीप महात्मा गांधी की पहचान माने जाने वाले तीन बंदर (बुरा मत देखो, बुरा मत सुनो तथा बुरा मत बोलो को दर्शाति हैं) भी हैं। अन्य कई प्रकार के चरखे भी यहाँ प्रदर्शित किए गए हैं।

इसका उद्घाटन 21 मई 2017 को तत्कालीन भाजपा राष्ट्रीय अध्यक्ष अमित शाह ने किया था। यहां प्रवेश की टिकट 20 रुपये है। टिकट लेने वालों को एक खादी का रूमाल प्रदान किया जाता है। साथ ही टिकटधारी खादी की सूत माला भी निःशुल्क ले सकते हैं। इन सूतमालाओं को तिहाड़ जेल के क़ैदियों द्वारा निर्मित किया जाता है। समझ नहीं आता कि राष्ट्रीय चरखा म्यूज़ियम में अब दिल्ली या यहां आने वाले पर्यटक बड़ी तादाद में क्यों नहीं पहुंचते! आप यहां आकर महात्मा गांधी से जुड़े इतिहास को अपने बच्चों को बता सकते हैं। राष्ट्रपिता कौन थे और देश की आज़ादी में उनका क्या योगदान था? इसे लेकर हम अपनी नई पीढ़ी को अवगत करा सकते हैं।

राष्ट्रीय ध्वज का भी कनॉट प्लेस से संबंध रहा है। इसे 26 जनवरी 1950 को भारत के राष्ट्रीय ध्वज के रूप में अपनाया गया। संविधान सभा ने जब तिरंगे में अशोक धर्म चक्र को रखने के प्रस्ताव पर मोहर लगा दी, तो संविधान सभा के

मेंबर सेक्रेटरी तथा आईसीएस अफ़सर बदरुद्दीन तैयबजी से कहा गया कि वह एक नमूना झंडा बनवाकर संविधान सभा के सदस्यों को दिखाएं। उन्होंने यह नमूना झंडा कनॉट प्लेस के मशहूर एस.सी. शर्मा टेलर्स से बनवाया। उन्होंने उस तिरंगे को पहले काग़ज़ पर अपनी चित्रकार पत्नी सुरैया तैयबजी से बनवाया। वह तब सुजान सिंह पार्क में रहते थे। जब सुरैयाजी ने तिरंगे को अशोक धर्म चक्र के साथ बनाया, तब बदरुद्दीन तैयब उसे एस.सी. शर्मा टेलर्स के पास लेकर गए। वहां उसे कपड़े पर तैयार किया गया। क़रीब दो-तीन घंटों में जब तिरंगा झंडा काग़ज़ से कपड़े पर आया, तो वह उसे लेकर संविधान सभा गए। संविधान सभा ने उस पर अपनी अंतिम मोहर लगाई। बदरुद्दीन तैयबजी ने यह संस्मरण इस लेखक को 1996 में साउथ दिल्ली के वेस्ट एंड स्थित बंगले में सुनाया था। वह पंजाब कैडर के 1934 बैच के आईसीएस अफ़सर थे। वह अलीगढ़ मुस्लिम यूनिवर्सिटी (एएमयू) के उप कुलपति भी रहे। उनकी पुत्री लैला तैयबजी दस्तकार नाम की एक संस्था चलाती हैं।

एस.सी.शर्मा टेलर्स 2015 में बंद हो गया था। यह रीगल सिनेमा से लगभग सटा हुआ था।

कनॉट प्लेस में खादी ग्रामोद्योग भवन की स्थापना 1956 में हुई थी।

जनपथ मार्केट का जलवा

दिल्ली में कितने ही नए-नए बाज़ार और मॉल खुलते रहे, पर जनपथ मार्केट के क्या कहने! बेशक, इधर की सुबह से देर शाम तक की रौनक और सारे माहौल की एनर्जी इसे बाक़ी बाज़ारों से अलग कर देती है। इसे विशेष बनाती है। कौन-सा दिल्ली वाला होगा, जिसने यहां आकर शॉपिंग या तफ़रीह नहीं की होगी।

दिल्ली घूमने के लिए आने वाले हरेक शख़्स का सफ़र अधूरा ही माना जाएगा अगर वह इधर हाज़िरी नहीं देगा। जनपथ की फ़िज़ाओं में समाजवादी व्यवस्था को महसूस कर सकते हैं। इसे सैकड़ों करोड़ रुपए का बिज़नेस करने वाले से लेकर मेहनत-मशक़्क़त करने वाला शख़्स समान रूप से अपना समझता है। इंडियन ऑयल की बिल्डिंग 1970 में बनी और उसके नीचे 29 दुकानों के लिए स्पेस निकला। ये दुकानें पाकिस्तान से आए शरणार्थियों को अलॉट हुईं। ये सब पहले जनपथ पर अस्थायी रूप से अपनी दुकानें चला रहे थे। ये लंबे समय से सरकार से मांग कर रहे थे कि इन्हें जनपथ के आसपास कहीं स्थायी स्थान दे दिया जाए।

जनपथ बाज़ार बनते ही दिल्लीवालों को पसंद आने लगा। इसकी एक वजह इसकी शानदार लोकेशन भी थी। आख़िर यह कनॉट प्लेस का हिस्सा था। जनपथ की जान है बार्गेनिंग। इधर तबीयत से भाव-ताव होता है पर अंत में बात बन जाती है। यह कम ही होता है कि कोई कस्टमर भाव करने में सफल ना होने से मायूस होकर चला गया हो। जबकि कनॉट प्लेस में भाव-ताव के लिए कोई स्कोप नहीं होता।

आपको जनपथ मार्केट में घुसते ही समवेत स्वर में आवाज़ें सुनाई देने लगेंगी। जैसे जब सस्ती टीशर्ट पैंतीस रुपये की हुआ करती थीं, तो आवाज़ लगती थी... 'पैन्ती... पैन्ती... लेलो पैन्ती... छांटो पैन्ती... हाँ जी पैन्ती... पैन्ती-पैन्ती।' ये सुनने में एक नर्सरी राइम-सी लगती है, जो शायद यहीं की ख़ास पहचान है। मोलभाव यहाँ ग़ज़ब का है। दुकानदार 600 रुपए दाम बोलता है और मोल-भाव करते-करते लोग 200 रुपए तक आ जाते हैं।

जनपथ मार्केट को पूरे भारत में पहचान दिलवाई कोल्ड कॉफ़ी की मशहूर दुकान डीपॉल्स, आदर्श कॉस्मेटिक्स स्टोर, नोवल्टी, कला निकेतन, इंद्रप्रस्थ, माया टॉयज़ जैसी दुकानों ने। पंजाब में 1980 के दशक में ख़ूनी आतंकवाद का दौर शुरू हुआ, तो जनपथ बाज़ार से इंदिरा गांधी, मेनका गांधी, फ़िल्मी सितारों और दूसरे सिलेब्रिटीज़ ने दूरी बना ली। इंदिरा गांधी यहां अपने सैंडिल और बेली लेने के लिए आया करती थीं। मेनका गांधी आदर्श कॉस्मेटिक्स से अपनी पत्रिका सूर्या के लिए फ़ोटो खिंचवाया करती थीं। मोहिन्दर अमरनाथ और कीर्ति आज़ाद जनपथ में कोल्ड कॉफ़ी पीने के लिए शाम को वक़्त निकाल ही लेते थे।

जनपथ मार्केट को सच में तब पंख लगे, जब 1975 के आसपास इसके ठीक आगे जींस, टी-शर्ट, स्वेटर, घड़ियों, शर्ट वग़ैरह की दुकानें लगने लगीं। अब ऐसी लगभग 150 दुकानें हैं। नई दिल्ली नगर पालिका (एनडीएमसी) ने सरोजनी नगर, गोल मार्केट, आईएनए में पटरियों पर बैठकर अपनी दुकानें चलाने वालों को जनपथ में स्पेस दिया। जनपथ आते ही इनकी किस्मत के सितारे खुल गए। ये तबीयत से चांदी काटने लगे। अगर कोरोना काल को छोड़ दें, तो यहां कभी ग्राहकों की कमी नहीं होती। जनपथ में वर्षों-दशकों के बाद भी ग्राहक आते रहते हैं। पुरानी पीढ़ी नई पीढ़ी को बताती है कि वे फलां-फलां शोरूम में आया करते थे। इस तरह का आत्मीय रिश्ता शायद ही किसी बाज़ार का अपने ग्राहकों के साथ बनता हो।

जनपथ बाज़ार में जिन शरणार्थियों को दुकानें मिली थीं, वे चाहकर भी उन्हें बेच नहीं सकते हैं। न ही किराए पर दुकानें किसी को दे सकते हैं। इन दुकानों का स्वामित्व हस्तांतरित नहीं हो सकता है। हालांकि उस वक़्त जिन्हें दुकानें मिलीं थीं उनमें से शायद ही कोई अब हमारे बीच हो। उनकी दूसरी-तीसरी पीढ़ियां ही दुकानें चला रही हैं। जिन्हें तहबाज़ारी के तहत अस्थायी दुकानों को चलाने का मौक़ा मिला, वे भी उन्हें किसी अन्य को नहीं दे सकते।

जनपथ मार्केट के पीछे तिब्बत

जनपथ मार्केट की स्थायी हलचल और चहल-पहल के बीच जनपथ मेट्रो स्टेशन के साथ तिब्बत मार्केट है। यहां लगभग हर समय सन्नाटा पसरा रहता है। यहां पर क़रीब दो दर्जन दुकानें हैं। अब यहां वे तिब्बती कम ही रह गए हैं, जो दलाई लामा के साथ 1959 में तिब्बत से भारत आए थे। उनकी अगली पीढ़ियां हैं, जो दुकानें

चला रही हैं। तिब्बत मार्केट 1967 में अस्थायी रूप से बनाई गई थी, ताकि तिब्बती अपना कोई काम-धंधा कर लें। इसे बसाने वालों में सरदार मोहन सिंह और भाई मोहन सिंह थे। ये क्रमशः कोका-कोला और रैनबैक्सी लेबोरेट्रीज़ के फ़ाउंडर थे। ये दोनों नई दिल्ली नगरपालिका परिषद (एनडीएमसी) के वाइस प्रेसिडेंट भी थे। तिब्बत मार्केट में एक शिलालेख लगा हुआ है, जिस पर लिखा है कि इसका उद्घाटन एनडीएमसी की अध्यक्ष विद्याबेन शाह ने 1976 में किया था।

प्रधानमंत्री जवाहरलाल नेहरू की कैबिनेट में रहे मनुभाई शाह की पत्नी थीं विद्याबेन शाह। वह समाज सेविका थीं। उन्हीं के प्रयासों से सिविल लाइंस में शाह ऑडिटोरियम का निर्माण हुआ। वहां चांदनी चौक, कश्मीरी गेट, श्याम नाथ मार्ग वगैरह के व्यापारी और सामाजिक संगठन अपने कार्यक्रम आयोजित करते हैं। विद्याबेनजी ने भरपूर जीवन जिया। उन्होंने तानसेन मार्ग का त्रिवेणी कला संगम स्थापित करवाया। उनका साल 2020 में 97 साल की उम्र में निधन हो गया था। विद्याबेन शाह जीवनभर बच्चों तथा महिलाओं के कल्याण के लिए सक्रिय रहीं।

ख़ैर, तिब्बती मार्केट में अधिकतर विदेशी पर्यटक ही मूर्तियों, शॉलों, पेंटिंग्स और तिब्बती कलाकृतियों की ख़रीदारी के लिए आते हैं। ये दुकानदार दिन भर अपनी दुकानों के बाहर ही खड़े मिलेंगे। यहां के जिन तिब्बितयों का जन्म भारत में हुआ है, उनके पास भारत की नागरिकता है। वे वोट भी देते हैं। इनसे बात करके लगा कि अब इनकी युवा पीढ़ी कभी तिब्बत नहीं लौटना चाहती है। क्यों? सबका कहना था कि उन्होंने भारत में ही अपनी आंखें खोली हैं, उनके लिए तिब्बत परदेस की तरह है। लेकिन कुछ बुजुर्ग इस राय से सहमत नहीं हैं। इनकी आंखों में तिब्बत ज़िंदा है। जिन्होंने अपना बचपन तिब्बत में गुज़ारा है, उन बुझती हुई बूढ़ी आंखों में जाने कितनी यादें हैं उस धरती की।

तिब्बती मार्केट के कुछ तिब्बती दुकानदार 1959 से पहले ही भारत आ गए थे। इनमें से कुछ लक्ष्मी नगर में रहते हैं। आमतौर पर माना जाता है कि राजधानी के सब तिब्बती आईएसबीटी के पास मजनूं का टीला की तिब्बती बस्ती में ही रहते हैं।

शंकर मार्केट: क्या नहीं मिलता यहां!

कनॉट प्लेस के आसपास के बाज़ारों का अपना एक जलवा है। शंकर मार्केट के तो क्या कहने! कुल जमा सात ब्लॉकों में बंटी है शंकर मार्केट। इसे 1964 में केन्द्रीय लोक निर्माण विभाग यानी सीपीडब्लयूडी ने बनाया था। इधर 4 और 5 नंबर के ब्लॉक तो एक तरह से आधी दुनिया के लिए ही रिज़र्व हैं। हर शोरूम के साथ एक लेडीज़ टेलर भी बैठा मिलेगा। उसके पास महिलाएं बातचीत करती मिल जाएंगी। दरअसल शंकर मार्केट में दिल्ली-एनसीआर की महिलाओं को सलवार-कमीज़, कुर्ती, साड़ियों वगैरह की शॉपिंग करना पसंद है।

शंकर मार्केट के शुरुआती दौर के लगभग सभी दुकानदार भारत-पाकिस्तान बंटवारे के बाद पाकिस्तान से आए रिफ़्यूजी ही थे, पर कुछ दुकानें अन्य लोगों को भी मिली थीं। उनमें एक चीनी मूल का भारतीय शख़्स भी था। वह 'जॉन ली' नाम से एक शूज़ का शोरूम चलाता था। उनका नाम ली होन कियोंग था। उनका काम अच्छा चल रहा था लेकिन ली ने 1970 के दशक के अंत में अपना शोरूम बंद कर दिया था। वह सपरिवार स्वदेश चले गए थे।

शंकर मार्केट की दीवारों पर एक इंद्रधनुषी संसार देखा जा सकता है। इसके सभी सात ब्लॉकों को इंद्रधनुष के सात रंगों की आभा 2014 में दी गई थी। इस काम को नई दिल्ली नगर पालिका परिषद (एनडीएमसी) और दिल्ली स्ट्रीट आर्ट ने मिलकर अंजाम दिया था। शंकर मार्केट की रूप-सज्जा में इस बात का ख़ास ख़याल रखा गया कि चित्रकारी आज की शैली में हो और आंखों को लुभाने वाली हो। इसमें चित्र अलग-अलग हैं, लेकिन पृष्ठभूमि में एक ही रंग प्रधान है, जो कि इंद्रधनुष के रंगों के क्रम में है। मार्केट को सजाने में 45 से ज़्यादा कलाकार लगे थे। इसमें दिल्ली स्ट्रीट आर्ट के कलाकारों के साथ ही शारदा उकील स्कूल ऑफ़ आर्ट और कॉलेज ऑफ़ आर्ट के छात्र भी शामिल थे। दिल्ली स्ट्रीट आर्ट के कलाकारों ने ही लोधी गार्डन के 200 से ज़्यादा कूड़ेदानों को रंगा था। बाल भवन में मिनी ट्रेन के पास की दीवार को भी उन्होंने ही नई सज्जा दी है।

शब्दों के शैदाई भी पहुंचते हैं शंकर मार्केट

अंग्रेज़ी के मशहूर लेखक रस्किन बॉन्ड किताब की दुकानों पर लगातार ताला लगने से चिंतित हैं। रस्किन बॉन्ड चाहें तो इस बात से सुकून पा सकते हैं कि दिल्ली की कुछ बुक शॉप्स इंटरनेट के हमले से अपने को बचाए हुए हैं। इनमें से एक है शंकर मार्केट में रामगोपाल शर्मा एंड संस। अपने क़रीब पचास साल के सफ़र में यहां न जाने कितने पुस्तकों, पत्रिकाओं और अख़बारों के शैदाई आए और इधर के ही होकर रह गए। यहां आपको इस बात की छूट है कि आप जितनी देर तक चाहें नई पत्रिकाओं या किसी महंगी किताब को पढ़ सकते हैं। रामगोपाल शर्मा एंड संस ने दिल्ली-एनसीआर की कई पीढ़ियों को इंग्लिश तथा हिन्दी उपन्यासों और पत्रिकाओं को पढ़ने का शौक लगाया। पुराने पीले पड़ गए सैकड़ों उपन्यास यहां बड़े करीने से रखे गए हैं। यहां आपको पुराने उपन्यास और पुरानी पत्रिकाएं भी मिलेंगी। यहां की ख़ास बात है कि आप यहां से कोई किताब किराए पर लें और फिर लौटा दें।

प्रेमचंद से लेकर श्रीलाल शुक्ल और गुलशन नंदा, डेनियल स्टील, जेफ़री आर्चर जैसे तमाम बेहद लोकप्रिय उपन्यासकारों की यहां सम्पूर्ण कलेक्शन उपलब्ध है। वह भी इतने सस्ते दामों पर कि आपको यक़ीन नहीं होगा। आप एक हफ़्ते के लिए कोई भी उपन्यास घर लेकर जा सकते हैं उसकी क़ीमत देकर। किताब लौटाने पर आपको 90 फ़ीसदी रकम वापस मिल जाएगी। इसे राम गोपाल शर्माजी ने ही स्थापित किया था। अब वह नहीं रहे। हमेशा खादी के कपड़े पहनते थे शर्माजी। सिर पर गांधी टोपी होती थी। वह चाहते थे कि यहां आने वाले किराए पर भी कोई पुस्तक या पत्रिका ले सकें। यानी पैसे की कमी के कारण कोई पढ़ने से वंचित न रह जाए। क्या आप यक़ीन मानेंगे कि आपको यहां से गुरुदेव रबीन्द्रनाथ टेगौर, महादेवी वर्मा, इक़बाल, फ़ैज़, ऑस्कर वाइल्ड, आइज़क असिमोव, रस्किन बॉन्ड वग़ैरह का सारा साहित्य किराए पर पढ़ने को मिल सकता है! रोज़ का किराया 10-20 रुपये से ज़्यादा नहीं है।

दि हिन्दू अख़बार के साथ लंबे समय तक जुड़े रहे देश के चोटी के लेखक-पत्रकार विजय लोकापल्ली कहते हैं कि उन्होंने 1975 के आसपास राम गोपाल शर्मा एंड संस से ही किताबें और मैगज़ीन लेकर पढ़ना शुरू किया था। राम गोपाल जी बेहद शानदार और दिलचस्प शख़्स थे। वह अपने ग्राहकों को कभी अपनी दुकान में पढ़ने से रोकते नहीं थे।

शंकर मार्केट में नीचे दुकानें हैं और ऊपर यानी फ़र्स्ट फ़्लोर पर कई संस्थाओं के दफ़्तर। यहां अब भी आबाद है इप्टा का दफ़्तर। इप्टा स्वाधीनता आंदोलन के समय मज़दूरों की आवाज़ बनकर उभरा और देखते ही देखते अपने लिए एक ख़ास जगह बनाने में सफल हो गया। इप्टा को अंग्रेज़ी में इंडियन पीपुल्स थिएटर एसोसिएशन (इप्टा) और हिन्दी में भारतीय जननाट्य संघ कहा जाता है। इसकी स्थापना 25 मई 1943 को मुंबई में हुई थी। राजधानी में एक दौर में नाटक संगीत, चित्रकला, लेखन, फ़िल्म से जुड़ा शायद ही कोई संस्कृतिकर्मी होगा, जो इप्टा से नहीं जुड़ा होगा। इप्टा के दफ़्तर में आपको कभी दिल्ली के मशहूर फुटबॉलर अज़ीज़ कुरैशी बैठे हुए मिल जाएंगे। वह बेहतरीन एक्टर भी हैं। उन्होंने बहुत से सीरियलों में काम भी किया है। अज़ीज़ कुरैशी के भाई वाई.के. कुरैशी चीफ़ इलेक्शन कमिश्नर भी रह चुके हैं।

शंकर मार्केट में ही दिल्ली यूनियन ऑफ़ जर्नलिस्ट (डीयूजे) का भी दफ़्तर है। यहां पर गुज़रे दौर के कुछ पत्रकारों को बैठे हुए देखा जा सकता है। इधर डीयूजे से जुड़े कई नामवर पत्रकारों के चित्र भी लगे हुए हैं। कभी-कभी यहां पत्रकारों के सवालों पर चर्चाएं भी हो जाती हैं। साल 2000 तक जब डीयूजे के सालाना चुनाव होते थे, तो मतदान वाले दिन शंकर मार्केट में सैकड़ों पत्रकारों का जमघट लगा होता था। शंकर मार्केट की दीवारों को विभिन्न उम्मीदवार और पैनल अपने पोस्टरों से रंग दिया करते थे।

1970 से 1990 के दशकों के दौरान शंकर मार्केट से सटे सुपर बाज़ार में दिल्लीवाले शॉपिंग करना अपनी शान समझते थे। हालांकि अब इसकी टूटी-फूटी बंद पड़ी इमारत को देखकर एहसास ही नहीं होता कि यहां कभी सुबह से शाम तक ख़रीदारों की भीड़ लगी रहती थी। कह सकते हैं कि यह आधी सदी पहले का सुपर मॉल था। यहां घर का सारा सामान किफ़ायती दामों में मिल जाया करता था। सुपर बाज़ार की बिल्डिंग में पारले ग्लूकोज़ बिस्किट, ग्वालियर शूटिंग, मोदी धागे वग़ैरह के होर्डिंग लगे रहते थे। सुपर बाज़ार की लोकप्रियता का चरम 1970 से 1980 के दशक में था। कनॉट प्लेस में इसकी स्थापना 1968 में हुई थी। वैसे राजधानी में आईएनए मार्केट, पटेल नगर और आईआईटी में भी सुपर बाज़ार की शाखाएं थीं। इसकी कुछ मोबाइल शाखाएं भी हुआ करती थीं। उस दौर में सुपर बाज़ार में कुल जमा दो हज़ार से अधिक मुलाज़िम काम किया करते थे, फिर यहां प्रबंधन के स्तर पर होने वाली गड़बड़ियों ने एक शानदार सरकारी संस्थान

को तबाह कर दिया। सुपर बाज़ार 2002 में बंद हो गया। दिल्ली को याद होगा कि इसके आगे बनी कार पार्किंग में अटल बिहारी वाजपेयी की चुनावी सभाओं में हज़ारों लोग एकत्रित होते थे।

स्ट्रीट फ़ूड शंकर मार्केट का

आपने शंकर मार्केट में जाकर गोल गप्पे नहीं खाए, तो आपका सफ़र अधूरा समझिए! यहां टिक्की, पापड़ी और आलू की चाट का आनंद लिया जा सकता है। यक़ीन मानिए दिल ख़ुश हो जाएगा। शॉपिंग करने के बाद लोग यहां खाना नहीं भूलते। अगर आप भोजन भट्टू हैं, तो शंकर मार्केट के साथ सुपर बाज़ार में राजमा-चावल, छोले भटूरे, कढ़ी-चावल खाइए। एक प्लेट 60-70 रुपये में मिल जाएगी। मीठे की बात करें, तो शंकर मार्केट में आप कुल्फी, रबड़ी और फ़लूदा भी चख सकते हैं। इस बाज़ार में गुज़रे कुछ समय से कुरियर कंपनियों के भी कई दफ़्तर खुल गए हैं।

जहां पर शंकर मार्केट की सीमा समाप्त होती है, उसके ठीक आगे कोका कोला की फ़ैक्ट्री है। यहां एक ज़माने में कोका कोला और फिर कैंपा कोला का उत्पादन होता था। इस बिल्डिंग के बाहर बहुत-सी गाड़ियां खड़ी रहा करती थीं। यहां कैंपा कोला के चेयरमैन चरणजीत सिंह का दफ़्तर था। मेन गेट के बाहर उनकी मर्सडीज़ कार खड़ी रहा करती थी। वह 1980 में सातवें लोकसभा चुनाव में कांग्रेस की टिकट पर साउथ दिल्ली सीट से कांग्रेस के उम्मीदवार के रूप में जीते थे।

उस ज़माने में लखपति होना भी बड़ी बात होती थी, चरणजीत सिंह तो करोड़पति थे। उनके सामने विजय कुमार मल्होत्रा थे। चरणजीत सिंह अपने कैंपेन में ख़ूब पैसा बहा रहे थे। उस दौर में चुनाव आयोग का चाबुक आज की तरह नहीं चलता था। तब चुनावों में उम्मीदवारों के ख़र्च पर आज की तरह नज़र नहीं रखी जाती थी। उनके लिए शंकर मार्केट के दुकानदार भी कैंपेन कर रहे थे। चुनाव में चरणजीत सिंह ने विजय कुमार मल्होत्रा को लगभग एक लाख मतों से शिकस्त दी और इस तरह दिल्ली ने पहली बार लोकसभा में किसी सिख सांसद को भेजा। महत्त्वपूर्ण यह भी है कि उस लोकसभा चुनाव में सिर्फ नईदिल्ली सीट से अटल बिहारी वाजपेयी विजयी हुए थे। शेष छह सीटों पर कांग्रेस को ही विजय मिली थी, पर चरणजीत सिंह एक कीर्तिमान बना गए। उनसे पहले या बाद में कभी दिल्ली से

कोई सिख लोकसभा नहीं पहुंचा। चरणजीत सिंह ने बाद में होटल ली मेरिडियन भी खोला। उन्होंने 1980 के बाद फिर कभी राजनीति में हाथ नहीं आज़माया।

चरणजीत सिंह के पिता सरदार मोहन सिंह भारत में कोका कोला के बिज़नेस को शुरू करने वालों में से एक थे। वह एनडीएमसी के भी नामित उपाध्यक्ष भी रहे।

पालिका बाज़ार: दिल्ली का पहला एसी मॉल

कनॉट प्लेस के पालिका बाज़ार को अमेरिका की एक एजेंसी दुनिया के 'कुख्यात बाज़ारों' की सूची में शामिल करती रही है, पर राजधानी का यह बेहद पसंदीदा बाज़ार है। कनॉट प्लेस के आउटर सर्किल में स्थित पालिका बाज़ार में एक समय में क़रीब पंद्रह हज़ार तक लोग समा सकते हैं। इसका मेन गेट सेंट्रल पार्क के सामने है, जिसकी दायीं ओर एफ़ ब्लॉक है और बायीं ओर पालिका भूमिगत पार्किंग है। प्रवेश के लिए सीढ़ियों का प्रयोग होता है। पालिका बाज़ार में साल 2000 तक लगभग सभी दुकानों में वीडियो और ऑडियो कैसेट बिका करते थे। अब इन दुकानों में आपको इलेक्ट्रॉनिक्स आइटम और गारमेंट्स मिल जाएंगे।

आपको पालिका बाज़ार जैसी मार्केट शायद ही कहीं मिले। यहां के दुकानदार अपना व्यापार बदलते रहे हैं। आमतौर पर होता यह है कि किसी भी बाज़ार में बहुत कम दुकानदार अपना काम बदलते हैं लेकिन यहां तो हर दूसरी-तीसरी दुकान ने अपने व्यापार को बदला है। यहां आपको कुछ इस तरह के दुकानदार भी मिलेंगे, जो कभी कैसेट किंग माने जाते थे, अब वे स्नैक शॉप चला रहे हैं। उन्होंने कुछ साल तक गारमेंट का भी काम किया है।

दिल्ली में मॉल कल्चर के दस्तक देने से बहुत पहले पालिका बाज़ार में जाकर शॉपिंग करने का फ़ैशन हुआ करता था। चूंकि यह भूमिगत और वातानुकूलित था इसलिए यहां घूमने का मौक़ा दिल्लीवाले छोड़ते नहीं थे। यह 1978 के अंत में बनकर तैयार हुआ था और इसका श्रीगणेश हुआ 1979 के शुरू में। अगर आपको नहीं पता तो बता दें कि जहां यह अब आबाद है, वहीं पर होता था इंडियन कॉफ़ी हाउस। पालिका बाज़ार ने सस्ते आयातित इलेक्ट्रॉनिक सामान, रेडिमेड कपड़ों और फुटवियर की सफ़ल मार्केट के रूप में तुरंत अपनी पहचान बना ली थी। दिल्ली के पुराने लोगों को याद होगा कि देश में 1975 में इमरजेंसी लगने के बाद कनॉट प्लेस में एक और बाज़ार खोलने का निर्णय हुआ। इस फ़ैसले से बहुत से लोग नाख़ुश थे क्योंकि यहां पहले से ही कनॉट प्लेस के अलावा जनपथ, मोहन

सिंह प्लेस, शंकर मार्केट, सुपर बाज़ार जैसी मार्केट्स थीं। पालिका बाज़ार का निर्माण नई दिल्ली नगरपालिका परिषद (एनडीएमसी) ने किया था।

लालू प्रसाद यादव पहली बार लोकसभा के लिए 1977 में निर्वाचित हुए थे। उन्हें लुटियंस दिल्ली में सरकारी आवास मिल गया और वह दिल्ली में रहने लगे। ज़्यादा नहीं, तो कम से कम जब संसद का सत्र चलता, तो वह दिल्ली में ही रहते। कहते हैं, वह जब यहां से वापस बिहार जाते, तो अपने मित्रों के साथ पालिका बाज़ार शॉपिंग के लिए अवश्य पहुंचते। वहां से पत्नी राबड़ी देवी और बच्चों के लिए कपड़े और घर का दूसरा सामान ख़रीदते। लालू यादव पालिका बाज़ार को ठंडी मार्केट कहते थे। वह उस दौर में हिन्दुस्तान टाइम्स में काम करने वाले अपने पुराने मित्र अरुण कुमार के पास हिन्दुस्तान टाइम्स हाउस में आया करते थे, ताकि उनके साथ पालिका बाज़ार का चक्कर लगा सकें।

दरअसल जब पालिका बाज़ार शुरू हुआ था, तो यह पूरी तरह से एयरकंडीशन मार्केट थी। उस समय का भारत बहुत अलग था। तब तक देश बिजली की किल्लत झेलता था और अधिकतर बाज़ार एयर कंडीशन नहीं होते थे इसलिए पालिका बाज़ार को कुछ लोग ठंडी मार्केट भी कहते थे। इधर सबसे पहले पंचकुइयां रोड के दुकानदारों, जिनकी दुकानें कनॉट प्लेस से सुचेता कृपलानी अस्पताल तक थीं, को स्पेस दिया गया था। जहां पर पालिका बाज़ार बना, वहां पर थियेटर कम्युनिकेशन बिल्डिंग थी। इसमें बहुत-सी स्वयंसेवी संस्थाओं के दफ़्तर चलते थे। इसके साथ पालिका बाज़ार जब खुला, तो यहां हैंडिक्राफ़्ट और गिफ़्ट की भी दुकानें हुआ करती थीं। हैकमैन तथा टिफ़िन टॉप जैसे कायदे के रेस्तरां और लॉर्ड्स जैसा स्तरीय आइसक्रीम पार्लर था।

समाजवादी नेता और रामजस कॉलेज में लंबे समय तक पढ़ाते रहे राज कुमार जैन कहते हैं कि उन्हें पालिका बाज़ार को देखकर अपना कॉफ़ी हाउस याद आ जाता है।

दिल्ली में 1982 में आयोजित हुए एशियाड-82 ने पालिका बाज़ार की किस्मत खोल दी थी। यहां दिल्लीवाले आने लगे। तब दिल्ली में बड़ी संख्या में लोग आकर बसे थे। तब तक गुरुग्राम और नोएडा तो ठीक से बसे भी नहीं थे। 1980 के दशक के मध्य तक पालिका बाज़ार में ऑडियो और वीडियो कैसेट का धंधा ज़ोर पकड़ गया था। इसके चलते पालिका बाज़ार के सेंट्रल हॉल में बहुत-सी गिफ़्ट और

गारमेंट बेचने वाली दुकानों ने हवा के रुख को पहचानते हुए इलेक्ट्रॉनिक सामान बेचना शुरू कर दिया था।

आप यह समझ लें कि नब्बे के दशक के शुरू होते-होते पालिका बाज़ार बॉलिवुड और हॉलिवुड की सुपरहिट फ़िल्मों के वीडियो कैसेट का सबसे बड़ा बाज़ार बन गया था। इसके बाद पालिका बाज़ार ने एक और छलांग लगाई। यहां दुबई, हांगकांग, थाईलैंड, सिंगापुर से लाए गए वॉकमैन, कैमरे, डिजिटल डायरी भी थोक के भाव से मिलने लगे। ये सब स्मगल्ड माल होता था। इन्हें ख़रीदने के लिए कस्टमर दिल्ली के साथ-साथ पड़ोसी राज्यों से भी पालिका बाज़ार आने लगे। यह आर्थिक उदारीकरण से पहले का दौर था। यहां और भी बहुत से विदेशी प्रोडक्ट्स मिलने लगे थे। ये सब माल ख़ूब मोल-भाव के बाद ही बिकता। गर्मी के दिनों में यहां लोग यों ही घूमते हुए भी आ जाते थे, ताकि तीखी धूप से बचा जा सके।

पालिका बाज़ार की इमेज को बड़ा धक्का 90 के दशक में लगा था, जब यहां पुलिस ने वीडियो कैसेट बेचने वाली दुकानों पर छापे मारे थे। पुलिस को कई दुकानों से अश्लील फ़िल्में बरामद हुई थीं।

पालिका बाज़ार में क़रीब सवा चार सौ दुकानें हैं। यहां एक दुकान का किराया 35 हज़ार रुपए से 50 हज़ार रुपए हर माह तक बताया जाता है। कनॉट प्लेस में और इसके आसपास कई बाज़ार हैं लेकिन पालिका बाज़ार ही एक ऐसा बाज़ार है, जहां स्थानीय लोग कम, दिल्ली से बाहर के ग्राहक ख़ूब आते हैं। जो दिल्ली आता है वह शॉपिंग के लिए कनॉट प्लेस का भी चक्कर लगा ही लेता है। कनॉट प्लेस में आने वाला इंसान पालिका बाज़ार तो हर हालत में आ जाता है।

गाज़ियाबाद की एक प्राइवेट कंपनी में सीईओ संदीप वहल कहते हैं कि वह अपने टीनेज के दिनों में पालिका बाज़ार घूमने और शॉपिंग के लिए जाया करते थे। उनके साथ उनके दोस्त भी होते थे। वहां पर ख़ूब मस्ती की जाती थी। अब तो पालिका बाज़ार में गए हुए भी एक ज़माना गुजर गया।

पालिका बाज़ार का चरित्र बदलता रहा है। कभी कैसेटों की मार्केट के रूप में अपनी जगह बनाने वाले इस बाज़ार में अब बहुत-सी टैटू बनाने वाली दुकानें भी खुल गई हैं। इनमें नौजवानों का आना-जाना लगा रहता है।

मोहन सिंह प्लेस : जींस के लिए मशहूर

कनॉट प्लेस में रहने वाली स्थायी रौनक से अलग बसती है मोहन सिंह प्लेस की दुनिया। यहां उदासी छाई रहती है। समझ नहीं आता कि जब सारे कनॉट प्लेस में इतनी हलचल है, तो यहां क्यों निराशा का माहौल बना रहता है। यहां के मेन गेट की दीवार के बायीं तरफ़ लगा है एक शिलालेख, जिस पर लिखा है कि मोहन सिंह प्लेस का उद्घाटन 14 मार्च, 1969 को हुआ था। सरदार मोहन सिंह नई दिल्ली नगरपालिका परिषद (एनडीएमसी) के वाइस प्रेसिडेंट थे। वह कोका कोला कंपनी के भारत के भी मालिक थे। उनके नाम पर ही मोहन सिंह प्लेस बना था।

मोहन सिंह प्लेस में दुकानें देश के विभाजन के बाद दिल्ली आकर बसे शरणार्थी परिवारों को आवंटित की गई थीं। दरअसल जो लोग पंचकुइयां रोड की पटरियों पर बैठकर अपना धंधा करते थे, उन्हें मोहन सिंह प्लेस में दुकानें दी गई थीं। यहां के अधिकतर दुकानदार पहाड़गंज में रहते थे। हालांकि वक़्त गुज़रने के साथ यहां पर मूल दुकानदार बहुत कम रह गए हैं। आपको रिवोली और शिव मंदिर के बीच स्थित मोहन सिंह प्लेस के बाहर सुबह से शाम तक कई बूट-पॉलिश करने वाले लड़के बैठे मिलेंगे। सारे कनॉट प्लेस में यहां से ज़्यादा शायद ही कहीं बूट-पॉलिश करने वाले मिलें।

मोहन सिंह प्लेस में रेडिमेड या फ़टाफ़ट बनाई जाने वाली जींस की ही दुकानें हैं। हर दुकान के बाहर एक-दो सेल्समैन बैठे हुए मिल जाएंगे। मोहन सिंह प्लेस की इन दुकानों में जींस लेने के लिए आमतौर पर दिल्ली के बाहर के ही लोग आते हैं। इसकी दो वजहें हैं। पहली, यहां जींस सस्ती मिल जाती हैं। दूसरी, उसकी क्वॉलिटी भी ठीक ही होती है। आप चाहें तो आपको जींस एक-दो घंटे में बनकर मिल भी जाएगी। जनपथ मार्केट की तरह यहां भी ख़ूब बार्गेनिंग की गुंजाइश रहती है। यहां पैंट और जैकेट भी ऑर्डर करने पर फ़ौरन मिल जाते हैं। दिक़्क़त यह है कि यहां की 126 दुकानों में विविधता नहीं है। जींस की इतनी ज़्यादा दुकानें है कि किसी के पास भी बहुत काम नहीं रहा। इन जींस की दुकानों में ही टेलर भी काम कर

रहे होते हैं। कहते हैं कि वही बाज़ार सफल होते हैं जहां नौजवान और महिलाएं आना पसंद करते हैं। यहां नौजवान और महिलाएं बेहद कम संख्या में आते हैं। महिलाएं तो ना के बराबर ही आती हैं। जो नौजवान आते हैं, उनमें से अधिकतर दिल्ली के नहीं होते। हां, दिल्ली की सैर करने आए टूरिस्ट यहां से ख़रीदारी करना नहीं भूलते हैं। मोहन सिंह प्लेस में ट्रैवल एजेंसीज़ के भी कई दफ़्तर हैं।

मोहन सिंह प्लेस की तीन मंज़िला बिल्डिंग में बेसमेंट भी है। यहां आपको परचून की भी दुकानें मिल जाएंगी। साफ़ है कि यहां पर परचून की दुकानों में भी कुछ ग्राहक आते ही होंगे। ज़ाहिर है कि मोहन सिंह प्लेस शुरू से ही जींस की मार्केट नहीं थी। यहां 1970 और 1980 के दशकों में कुछ दुकानों में इंपोर्टेड सामान भी मिला करता था। ये पूर्वी यूरोप के देशों से सामान मंगवा कर बेचा करती थी। इनमें लाइटर, कैमरा, कपड़े वगैरह हुआ करते थे। इसी तरह से कम से कम आधा दर्जन दुकानें ड्राई फ्रूट और इतनी ही सब्जियों की थीं। उन दुकानों को बंद हुए तो अब एक ज़माना गुज़र गया है।

वरिष्ठ लेखक बी.एन. पाठक बताते थे कि जब मोहन सिंह प्लेस खुला, तो कनॉट प्लेस, हनुमान रोड और राजा बाज़ार में रहने वाले यहीं आकर अपने घरों का राशन ख़रीदा करते थे। बी.एन. पाठक राजा बाज़ार में ही रहा करते थे। मोहन सिंह प्लेस की बेसमेंट में कुछ ढाबे भी हैं। यहां लज़ीज़ नॉन वेज डिशेज़ खाने वाले आते हैं। टीपीओ ढाबे का ख़ास नाम रहा है। इस ढाबे पर रिवोली में पिक्चर देखने के बाद बहुत से लोग बिरयानी, कीमा, चिकन वगैरह का आनंद लेने पहुंचते हैं।

मोहन सिंह प्लेस में साल 2000 तक कई दुकानें सिर्फ दूध-दही, बटर, ब्रेड वगैरह ही बेचा करती थीं। यहां दिल्लीवाले गर्मा-गर्म दूध से लेकर दही तक खाया करते थे। ये ही कनॉट प्लेस के रेस्तराओं को दूध-दही की सप्लाई भी करती थीं। वे भी आगे चलकर जींस के बिज़नेस में आ गई थीं। क्या उनका अपना धंधा बदलने का फ़ैसला सही था?

मोहन सिंह प्लेस की ही तीसरी मंज़िल में इंडियन कॉफ़ी हाउस है लेकिन यहां आने वाले आमतौर पर मोहन सिंह प्लेस की दुकानों में शॉपिंग नहीं करते।

कनॉट प्लेस का कॉफ़ी हाउस इमरजेंसी के समय बंद हुआ, तो उसे इसी मोहन सिंह प्लेस की तीसरी मंज़िल में शिफ़्ट कर दिया गया था।

सेंट्रल पार्क

कभी किसी बच्चे या फूलों के बगीचे को ग़ौर से देखिए। तब समझ आएगा कि उनकी देख-रेख किस तरह से हो रही है, कितने प्यार से हो रही है! कनॉट प्लेस के सेंट्रल पार्क में कुछ सुकून के पल गुज़ारिए, इसे निहारिए। फिर आप कहेंगे कि इसकी भी क़ायदे से देख-रेख होती होगी। सेंट्रल पार्क में खिले फूलों की ख़ुशबू, सफ़ाई और हरी-हरी घास पर बैठने का सुख अप्रतिम होता है। हालांकि पार्क के चारों तरफ़ ट्रैफ़िक चल रहा होता है, पर इसके अंदर टहलते या बैठे आपको बाहर के शोर का एहसास ही नहीं होता। सेंट्रल पार्क से आप कनॉट प्लेस में घूमते लोगों को और चारों तरफ़ खड़ी ऊंची- ऊंची इमारतों को देख सकते हैं। यहां आकर आपकी सारी थकान ग़ायब हो जाती है। आपको शायद ही कोई दिल्लीवाला मिले, जो यहां कभी ख़ुद या अपने दोस्तों या परिवार के साथ ना आया हो।

कनॉट प्लेस में राजीव चौक मेट्रो स्टेशन के ऊपर निर्मित सेंट्रल पार्क 41,500 वर्ग मीटर में फैला हुआ है। कनॉट प्लेस के 1933 में बनने के लगभग साथ ही यहां का सेंट्रल पार्क भी आबाद हो गया था। कनॉट प्लेस के डिज़ाइनर रॉबर्ट टोर रसेल ने अपनी बेजोड़ कृति के बीचोबीच सेंट्रल पार्क के लिए स्पेस निकाला। लगभग तभी से सेंट्रल पार्क में शतरंज के खिलाड़ी आकर बैठने लगे थे। उनके बीच शतरंज की लम्बी-लम्बी बाज़ियां भी चलती थीं। सिगरेट के कश मारते हुए शतरंज के खिलाड़ी अपनी अगली चाल चलते थे। लेकिन अब वे सब शतरंज के खिलाड़ी ग़ायब हो चुके हैं । कहां गए वे?

आज सेंट्रल पार्क में आप जिस 90 फ़ीट चौड़े और 60 फ़ीट लंबे तिरंगे झंडे को देख रहे हैं, उसे यहां साल 2014 में फ़्लैग फ़ाउंडेशन ऑफ़ इंडिया (एफ़एफ़आई) और नई दिल्ली म्यूनिसिपल काउंसिल (एनडीएमसी) ने मिलकर लगाया था। अगर आप शॉपिंग कर-कर के थक गए हैं और कुछ देर का ब्रेक लेना चाहते हैं, तो आपके लिए सेंट्रल पार्क रीलैक्स करने का एक बेहतरीन ऑप्शन है। यहां

हरियाली के साथ-साथ एक एम्फ़िथियेटर भी है, जहां आए दिन कवि सम्मेलन, नाटक और अन्य कल्चरल प्रोग्राम्स होते रहते हैं।

प्रेम के प्रतीक वैलेनटाइंस डे पर सेंट्रल पार्क ख़ासतौर से गुलज़ार हो जाता है। यहां ख़ुशबू बिखेरते फूल और अर्जुन, चम्पा, जामुन, सेमल, अमलतास, बरगद, गुलमोहर, शीशम और अशोक के पेड़ सारे माहौल को ख़ुशनुमा बना देते हैं। यहां कभी बहुत भीड़ नहीं रहती। यहां आपका बार-बार घूमने और तफ़रीह करने का मन करता है।

आप सेंट्रल पार्क में किसी ख़ास पेड़ के नीचे किसी शख़्स को अपनी पसंदीदा किताब पढ़ते हुए देख सकते हैं। गीतकार प्रसून जोशी भी सेंट्रल पार्क में बैठे हैं। यह बात है 1990 के दशक के अंतिम वर्षों की। उनकी पत्नी का दफ़्तर कनॉट प्लेस की रीगल बिल्डिंग में हुआ करता था। वह तब पत्नी का इंतज़ार सेंट्रल पार्क में बैठ कर ही किया करते थे।

राजीव चौक मेट्रो स्टेशन के निर्माण के वक़्त सेंट्रल पार्क साल 2002 से 2006 तक हटा दिया गया था। तब कुछ लोग कहने लगे थे कि दिल्ली को शायद फिर वापस ना मिले सेंट्रल पार्क। लेकिन एक बार अंडरग्राउंड मेट्रो स्टेशन बनने के बाद सेंट्रल पार्क को एनडीएमसी और दिल्ली मेट्रो रेल कोरपोरेशन ने फिर से बनाया। उसकी पहली वाली ख़ूबसरती बरकरार रखी, बल्कि यह कहा जाए तो ग़लत नहीं होगा कि सेंट्रल पार्क पहले से बेहतर होकर सामने आया। हालांकि नए अवतार में उसे फ़व्वारा नहीं मिला। पहले के सेंट्रल पार्क में विशाल फ़व्वारा हुआ करता था। उस फ़व्वारे के नीचे एक बड़ा-सा स्पेस था, जहां वाशरूम वग़ैरह थे। वहीं पर एक नौजवान चित्रकार दो रुपए में लोगों के पोट्रेट बनाया करता था। वह अस्सी के दशक तक वहां बैठा करता था।

राजीव चौक मेट्रो स्टेशन बनाने के क्रम में सेंट्रल पार्क और इसके इर्द-गिर्द लगे दर्जनों पेड़ काटे गए। वे सब बुज़ुर्ग पेड़ थे, जिन्होंने कनॉट प्लेस को बनते-बदलते देखा था। वे परिंदों के आशियाने थे। विकास के नाम पर पेड़ों का कटना और परिंदों के घरों का उजड़ना अब आम बात हो गई है। कनॉट प्लेस एरिया के बाराखंभा रोड से सिकंदरा रोड पर नीम के पेड़ों पर मेट्रो लाइन बिछने से पहले तोते ही तोते रहते थे। ये पेड़ अपने तोतों के लिए मशहूर थे। दिल्ली में पेड़ों की संख्या घटने से तोते शहर के सीमाओं को लांघ रहे हैं। मेट्रो रेल की लाइनें

बिछाने के लिए कनॉट प्लेस में ख़ूब छायादार पेड़ कटे। कहने वाले कहते हैं कि मंडी हाउस से रामकृष्ण आश्रम चौक तक सैकड़ों बुजुर्ग पेड़ काटे गए। इनमें अधिकतर नीम और और पीपल के थे। ये सब घने पेड़ थे।

बहरहाल आप जब सेंट्रल पार्क में होते हैं, तो आपको पता भी नहीं चलता कि इसके ठीक नीचे राजीव चौक मेट्रो स्टेशन पर दिन भर लाखों लोग अपने गंतव्य स्थलों की तरफ़ आ-जा रहे हैं। वहां लगभग रोज़ ही अफ़रातफ़री मची रहती है, पर उसके ऊपर सेंट्रल पार्क में शांति रहती है।

एक दौर था सेंट्रल पार्क एलजीबीटीक्यूप्लस समुदाय का भी प्रिय स्थल बन गया था। शाम होते ही वे यहां घूमने लगते थे। उन्हें तलाश होती थी किसी लाइक माइंडिड शख़्स की। वे वहां बैठे लोगों से पूछ भी लिया करते, 'क्या मैं आपके साथ बैठ सकता हूं?' लेकिन कनॉट प्लेस थाने की सख़्ती के बाद बुजुर्ग पेड़ों के परिंदों की तरह वे भी ग़ायब हो गए। इसी तरह से कनॉट प्लेस में रात के समय सक्रिय होने वाले किन्नर भी अब कम ही दिखाई देते हैं।

कॉफ़ी हाउस

कनॉट प्लेस की बात हो और इंडियन कॉफ़ी हाउस की तफ़सील से चर्चा ना हो, यह नहीं हो सकता। जहां अब पालिका बाज़ार है, पहले वहां थियेटर कम्यूनिकेशन बिल्डिंग होती थी, उसकी बग़ल में कॉफ़ी हाउस होता था। 1976 के आपातकाल में इसे तोड़ दिया गया था। 1936 में इंडियन कॉफ़ी हाउस की श्रृंखला बनी। दिल्ली में जनपथ के पास 1950 में इसकी शुरुआत हुई। उस दौर में कॉफ़ी बोर्ड ने कॉफ़ी की कीमत बढ़ाकर आठ आने कर दी थी। इसके ख़िलाफ़ नियमित रूप से कॉफ़ी हाउस आने वालों ने पी. आर. आर. एम. अर्थात् प्राइस राइज़ रेजिसटेंस मूवमेंट आरंभ कर दिया। दिल्ली के पत्रकार इन्दर वर्मा इसके संयोजक थे।

1950 में कॉफ़ी बोर्ड ने इसे बंद करने का निर्णय ले लिया। यहां के मुलाज़िमों ने इसके विरुद्ध हड़ताल शुरू कर दी। डॉ. राम मनोहर लोहिया ने हड़ताल पर बैठे वर्करों को साथ में चल रहे समाजवादी साथियों से पैसे लेकर देते हुए कहा कि केतली, कप-प्लेट और अंगीठी का इंतज़ाम करो और अपना काम शुरू करो। लोहियाजी की प्रेरणा से मुलाज़िमों ने सड़क पर कॉफ़ी तैयार कर बेचने का काम शुरू कर दिया। कामगारों ने इंडियन कॉफ़ी वर्कर को-ऑपरेटिव सोसायटी की स्थापना कर ली। शुरू में थियेटर कम्यूनिकेशन बिल्डिंग में इसे जगह मिल गई। जगह बहुत कम थी।

इसके साथ की खाली पड़ी जगह में 27 दिसंबर 1957 को टेंट वाले कॉफ़ी हाउस की स्थापना हुई। कनॉट प्लेस में खालसा टेंट हाउस के मालिक एक नामधारी सिख होते थे, उन्होंने किराए पर कॉफ़ी हाउस में टेंट लगा दिया। इस कॉफ़ी हाउस में छत के नाम पर कपड़े का टेंट लगा रहता था, फ़र्श के स्थान पर पत्थर की रोड़ी बिछी रहती थी। कॉफ़ी की क़ीमत चार आने तथा वड़ा की क़ीमत दो आने रखी गई। यह कनॉट प्लेस के कॉफ़ी हाउस के शुरुआती दिन थे।

कॉफ़ी हाउस में साधारण-सी मेज़ें बिछी रहती थीं। उसके चारों ओर हर मेज़ के साथ 4-6 कुर्सियां पड़ी होती थीं। कॉफ़ी हाउस में घुसते ही बायीं ओर नीचे ज़मीन पर बैठकर दो मोची जूतों की मरम्मत तथा पॉलिश का काम करते थे। कॉफ़ी हाउस आने वाले कॉफ़ी पीने के साथ-साथ अपने जूतों की मरम्मत तथा पॉलिश भी करवा लेते थे। यहीं दैनिक समाचारपत्रों, पुस्तिकाओं, पत्रिकाओं की बिक्री होती थी। एक स्टॉल में स्टेशनरी का सामान भी बिकता था। पान का भी एक स्टॉल होता था। बाद में दो हो गए थे। कॉफ़ी हाउस के बाहर खुली ईंटों की लगभग तीन फ़ुट ऊंची दीवार बनी हुई थी। सुबह से लेकर रात्रि तक कॉफ़ी हाउस खचाखच भरा रहता था, ख़ूब गहमा-गहमी रहती थी। वहां का नज़ारा बड़ा रोचक होता था।

समाजवादी नेता और रामजस कॉलेज के प्रोफ़ेसर रहे डॉ. राज कुमार जैन बताते हैं, 'मैं इमरजेंसी के दौर में दिल्ली की तिहाड़ जेल में मीसाबंदी था। जेल में सुनने में आया था कि कॉफ़ी हाउस को संजय गांधी के आदेश पर तोड़ दिया गया है, क्योंकि उन्हें यह खबर दी जाती थी कि कॉफ़ी हाउस कांग्रेस सरकार के विरोध का एक बहुत बड़ा अड्डा है। काफ़ी हाउस के टूटने की ख़बर को जानकर जेल के साथियों को ऐसे लगा था कि मानो हमारा घर गिरा दिया गया है।'

कॉफ़ी हाउस में बुद्धिजीवियों, लेखकों, पत्रकारों, कलाकारों, नाट्यकर्मियों, संगीतकारों के साथ-साथ, राजनैतिक कार्यकर्ताओं तथा दिन के वक़्त दफ़्तर के बाबुओं का हुजूम जमा रहता था। कॉफ़ी हाउस दिल्ली का सबसे बड़ा राजनैतिक-वैचारिक मुठभेड़ का अड्डा होता था। कई मेज़ें बिना रिज़र्व किए भी एक प्रकार से रिज़र्व होती थीं। कम्युनिस्ट, सोशलिस्ट तथा कुछ पुराने प्रगतिशील कांग्रेसी वहां नियमित रूप से आते थे। दिल्ली के बाहर से आने वाला लगभग हर सोशलिस्ट नेता, कार्यकर्ता अगर टेंट वाले कॉफ़ी हाउस न आए, तो समझो कि उसका दिल्ली आगमन निरर्थक है। मज़दूर नेता जे.एस. दारा और बृजमोहन तूफ़ान उन लोगों में से थे, जो बारिश-तूफ़ान, सर्दी या गर्मी से बेपरवाह कॉफ़ी हाउस में हर रोज़ आते थे। हां, कॉफ़ी हाउस में महिलाएं कम ही आती थीं।

सरदार जे.एस. दारा शाम के समय रीगल के आसपास भी मिल ही जाते थे। अपनी पगड़ी या पैंट को ठीक करते हुए कॉफ़ी हाउस की तरफ़ बढ़ रहे होते थे। उनकी शामें कॉफ़ी हाउस में ही गुज़रती थीं। उनकी टेबल पर मज़दूर और मज़दूर नेता बैठे होते थे। इंटक नेता दाराजी नई दिल्ली म्यूनिसिपल कमेटी वर्कर यूनियन के भी अध्यक्ष थे। उनका दफ़्तर कॉफ़ी हाउस से ही चलता था। वह दिन

में किसी फ़ैक्ट्री के बाहर धरना-प्रदर्शन कर रहे होते थे या वहां पर मज़दूरों से मुलाक़ात करने चले जाते थे। वह कॉफ़ी हाउस में रात नौ बजे तक गपशप करने के बाद ख़ान मार्केट की कोई बस पकड़कर या फिर किसी साथी के स्कूटर पर बैठकर चले जाते थे। बहुत ज़बरदस्त किस्सागो थे, उनके इर्द-गिर्द महफ़िल जुटी रहती थी। दाराजी का 2005 में निधन हो गया था, पर उन्हें कॉफ़ी हाउस में लोग अब भी बहुत शिद्दत के साथ याद करते हैं।

इन्होंने रखा कॉफ़ी हाउस की संस्कृति को ज़िंदा

जे.एस. दारा मज़दूर नेता होने के साथ-साथ राजधानी में कॉफ़ी हाउस की संस्कृति को समृद्ध करने वालों के रूप में भी याद रखे जाएंगे। कॉफ़ी हाउस पर जब भी संकट आता, वह सक्रिय हो जाते। दिल्ली के अपने असरदार मित्रों जैसे आई.के. गुजराल या जगप्रवेश चंद्र के पास कॉफ़ी हाउस में बैठने वालों की टोली ले जाते। कॉफ़ी हाउस का संकट हल हो जाता। जगप्रवेश चंद्र दिल्ली के मुख्य कार्यकारी पार्षद भी रहे थे। गुजराल साहब और जगप्रवेश जी कॉफ़ी हाउस के पक्के शैदाई थे। जब गुजराल साहब देश के प्रधानमंत्री बने, तो दाराजी की सदारत में कुछ कॉफ़ी हाउस वाले गुजराल साहब के आवास उन्हें बधाई देने पहुंचे। वहां उन्होंने ठहाकों के बीच गुजराल साहब को 'स्पष्ट' कर दिया कि उनकी कॉफ़ी हाउस से लंबे समय तक ग़ैर-हाज़िरी स्वीकार नहीं की जाएगी।

वह खड़ा कर देते थे कॉफ़ी में 'तूफ़ान'

टेंट वाले कॉफ़ी हाउस से मोहन सिंह हाउस प्लेस के कॉफ़ी हाउस में नियमित रूप से बैठने वालों में समाजवादी नेता ब्रजमोहन तूफ़ान भी होते थे। वह भी लगातार कॉफ़ी हाउस आते थे। भारत के समाजवादी आंदोलन में उनका बहुत ऊंचा मुकाम रहा है। वह हिन्दू मज़दूर सभा के कद्दावर नेता थे। उनके एक आह्वान पर हज़ारों रेल मज़दूर सड़कों पर उतर आते थे। तूफ़ान साहब अविवाहित थे। उनमें मज़दूरों और मज़लूमों के पक्ष में मर-मिटने का कमाल का जज़्बा था। उन्होंने दर्जनों बार जेल यात्राएं की थीं। तूफ़ान साहब उच्च कोटि के विद्वान थे। उनकी अंग्रेज़ी, हिन्दी, उर्दू में कई किताबें छप चुकी थीं, उनके भाषण से किसी में भी जोश भर सकता था। वह लोहियाजी के परम सहयोगियों में से थे। तूफ़ान साहब देश की आज़ादी के समय दिल्ली आए थे। तब नौजवान थे। उसके बाद वह जीवनपर्यंत मज़दूर आंदोलन से जुड़े रहे। इनकी ईमानदारी और

मज़दूर आंदोलन के प्रति निष्ठा को लेकर कभी कोई सवाल उठाने की किसी ने हिमाक़त नहीं की।

दिल्ली अथवा देश में आज क्या घटना घटी है, उसकी ख़बर कॉफ़ी हाउस में किसी न किसी के माध्यम से पहुंच जाती थी। राज कुमार जैन के अनुसार 'दिल्ली के समाजवादियों का दफ़्तर तो एक मायने में यही कॉफ़ी हाउस होता था। जब मीटिंग करनी होती थी, तो सामने के मैदान में बैठकर चर्चा हो जाती थी। दिल्ली और बाहर से आने वाले किसी सोशलिस्ट को अगर आर्थिक संकट होता था, तो वह कॉफ़ी हाउस आ जाता था। उसे पता था कि शाम के वक़्त वहां पर अपने लोग मिलेंगे। आपस में पैसा इकट्ठा करके साथी की मदद करने का कार्य भी होता था।'

कॉफ़ी हाउस कई लोगों तथा संस्थाओं के लिए स्थायी कार्यालय का भी कार्य करता था। दिल्ली सफ़ाई कर्मचारी यूनियन के संस्थापक अध्यक्ष रामरक्खामजी भी कॉफ़ी हाउस में मिलने वालों को बुलाते थे। कॉफ़ी हाउस में नियमित रूप से आने वालों में 3-4 लोगों को भुलाया नहीं जा सकता। एक थे प्रसिद्ध वकील तथा कांग्रेसी नेता, जो दिल्ली विधान सभा के सदस्य भी रहे थे। कंवरलाल शर्मा, जो बहुत ज़बरदस्त क़िस्सागो थे। उनके इर्द-गिर्द महफ़िल जुटी रहती थी। इसी तरह दिल्ली सोशलिस्ट पार्टी के अध्यक्ष रहे मास्टर नुरुद्दीन क़िस्से सुनाने में माहिर थे तथा सोशलिस्टों के कॉफ़ी के बिल चुकाने की ज़िम्मेदारी इन्हीं की रहती थी परंतु मास्टरजी की क़िस्सागोई के दौरान रोकने-टोकने की सख़्त मनाही होती थी। दिल्ली के इतिहास में जगप्रवेश चंद्र जी का नाम कभी भुलाया नहीं जा सकता। यह कई बार विधायक तथा मुख्य कार्यकारी पार्षद (मुख्यमंत्री के समकक्ष) भी रहे थे। टेंट वाले कॉफ़ी हाउस के टूट जाने के बाद जगप्रवेशजी के प्रयास से बाबा खड़क सिंह मार्ग, हनुमान मंदिर के सामने दिल्ली सरकार द्वारा संचालित 'कॉफ़ी होम' का निर्माण हुआ।

कॉफ़ी हाउस में साधारण कार्यकर्ताओं के साथ-साथ अनेक राष्ट्रीय नेता भी आते रहते थे। लोकसभा, राज्यसभा में बने नए-नए सदस्य जब दिल्ली आते थे, तो कनॉट प्लेस में घूमने के साथ-साथ कॉफ़ी हाउस भी आते थे। यहां आने वालों में डीएमके नेता श्री अन्नादुराई, कम्युनिस्ट नेता भूपेश गुप्त, सोशलिस्ट नेता सुरेन्द्रनाथ द्विवेदी, बम्बई के सोशलिस्ट मज़दूर नेता पीटर अल्वारिस, सोशलिस्ट नेता हरिविष्णु कायन्य, जनसंघ के प्रोफ़ेसर बलराज मधोक, भूतपूर्व प्रधानमंत्री इन्द्रकुमार गुजराल भी थे।

गुजराल साहब के साथ वरिष्ठ पत्रकार त्रिलोकदीप भी कभी-कभी बैठे मिलते थे। गुजराल साहब यहां तब आने लगे थे, जब वह नई दिल्ली नगर पालिका से जुड़े हुए थे। कांग्रेस के प्रसिद्ध वकील एवं भूतपूर्व केंद्रीय मंत्री हंसराज भारद्वाज भी यहां बैठकी करते थे। पुराने लोगों को याद होगा डॉ. राममनोहर लोहिया कॉफ़ी हाउस आते रहते थे। डॉ. लोहिया के साथ विश्व प्रसिद्ध पेंटर मकबूल फ़िदा हुसैन, प्रोफ़ेसर रमा मित्रा, साहित्यकार श्रीकांत वर्मा, प्रसिद्ध काटुर्निस्ट राजेन्द्र पुरी इधर आते थे। डॉ. लोहिया के कॉफ़ी हाउस में आते ही हलचल बढ़ जाती थी। उनकी मेज़ के इर्द-गिर्द जमघट हो जाता था। कॉफ़ी हाउस के कामगारों को जैसे ही पता चलता कि डॉ. लोहिया आए हैं, वह अपना काम छोड़कर डॉ. साहब को नमस्कार करने तथा उनके पैर छूने का प्रयास करते थे परंतु डॉ. साहब पैर छूने के लिए सख़्ती से मना करते थे। उस समय मौजूद अन्य पार्टियों के लोग बड़ी बेसब्री से डॉ. लोहिया से जानकारी लेने का प्रयास करते थे। डॉ. साहब के साथ आए समाजवादी बातचीत को रोकने का प्रयास करते थे, ताकि डॉ. साहब इत्मीनान से कॉफ़ी पी सकें।

12 अक्टूबर 1967 को डॉ. साहब के देहावसान के बाद उनकी शवयात्रा कनॉट प्लेस होकर कॉफ़ी हाउस के सामने से गुज़रने लगी, तो सारा कॉफ़ी हाउस बाहर आकर नतमस्तक हो उन्हें नमन करने लगा। कॉफ़ी हाउस के कर्मचारियों ने शवयात्रा के वाहन को एक बड़े फूलों के चक्र के साथ अश्रुपूरित नेत्रों के साथ श्रद्धाजंलि अर्पित की थी।

इमरजेंसी के समय कॉफ़ी हाउस टूटा, तो उसके बदले में मोहन सिंह प्लेस की तीसरी मंज़िल पर कॉफ़ी हाउस शुरू हुआ। तब से मोहन सिंह प्लेस भी गुलज़ार रहने लगा। हालांकि इसमें पहले वाली बात तो नहीं थी, पर यहां विष्णु प्रभाकर, कमलेश्वर, भीष्म साहनी जैसे वरिष्ठ साहित्यकारों के साथ-साथ पंकज बिष्ट, बलराम, प्रताप सहगल, रूप सिंह चंदेल जैसे उभरते हुए दर्जनों साहित्यकार पहुंचते रहे। इनके बीच साहित्य, समाज और समसामयिक बिन्दुओं पर यहां लंबी चर्चाएं होतीं। कॉफ़ी हाउस की इस खुली छत पर किशन कत्याल नाम के शख़्स भी लंबे समय से आ रहे थे। उन्हें देखते ही कौवों के झुंड धड़धड़ाते हुए चले आते। वे कौवों को अंडा भुजिया खिलाते हैं।

मोहन सिंह प्लेस का कॉफ़ी हाउस दिल्ली के सिख नेताओं की गतिविधियों का भी गढ़ रहा है। यहां नास्तिक समाज की बैठकें भी आयोजित हुआ करती थीं।

वे रेस्तरां, वे ज़ायके

कनॉट प्लेस के किसी रेस्तरां में जाना, बैठना और दोस्तों के साथ बैठकर गप-शप करने का अपना सुख रहा है। कई पीढ़ियों ने कनॉट प्लेस के वोल्गा, निरूलाज़, गेलॉर्ड, दि सैलर, मद्रास होटल, एंबेसी, दि रैंबल, यूनाइटेड कॉफ़ी हाउस जैसे रेस्तरांओं में बैठकर अपनी ज़िंदगी के यादगार पल गुज़ारे हैं। इनमें से कुछ अब सिर्फ यादों में ज़िंदा हैं, कुछ अब भी चल रहे हैं।

'दि सैलर' रीगल बिल्डिंग में था। इसमें कपल ही जा सकते थे। इसके आगे से गुज़रते हुए इसके अंदर जाने की इच्छा पैदा होती थी। जानने का मन होता था कि इसके अंदर किस तरह की गतिविधियां होती हैं। एक अलग क्लास के लोग ही 'दि सैलर' के अंदर जाते हुए दिखाई देते थे। इसका एक छोटा-सा गेट हुआ करता था। उसके बाहर कसरती बदन वाले एक-दो नौजवान खड़े होते थे। ज़ाहिर है, उनकी क़द-काठी को देखने के बाद 'दि सैलर' के भीतर कोई भी बिना अनुमति जाने का साहस नहीं करता था। तब तक बाउंसरों का चलन शुरू नहीं हुआ था। यह 1990 के दशक में बंद हो गया था।

अमर गीतकार साहिर लुधियानवी को संसार से विदा हुए एक ज़माना गुज़र गया है, पर अब भी आपको कुछ लोग मिल जाएंगे, जो बता देंगे कि वह जब दिल्ली आते थे, तो अपनी परम मित्र और लेखिका अमृता प्रीतम से कनॉट प्लेस स्थित 'दि एंबेसी' रेस्तरां में मिलते थे और कोने वाली टेबल पर बैठ घंटों ही दुनिया-जहान की बातें करते थे। कहते हैं, दोनों के बीच 1944 में हुई पहली मुलाक़ात के बाद से ही घनिष्ठता हो गई थी। अमृता प्रीतम ने अपनी आत्मकथा 'रसीदी टिकट' में साहिर साहब से अपने रिश्तों को बेख़ौफ़ अंदाज़ में लिखा भी है। 'दि एंबेसी' में ही दिल्ली की सियासत में लंबे समय तक छाए रहे हरकिशन लाल भगत भी अपने यारों के साथ बैठा करते थे। यह रेस्तरां कनॉट प्लेस के डी ब्लॉक में 1948 से चल रहा है और आज भी आबाद है। दिल्ली से पहले यह कराची में था। इसके छोले-भट्टूरे, मुर्ग मसल्लम और फ्राई फ़िश का स्वाद अतुलनीय होता है।

'दि एंबेसी' के मालिक मल्होत्रा परिवार का दावा है कि दिल्ली में छोले-भट्टूरे का ज़ायका वे ही लेकर आए थे। यह 'दि एंबेसी' में 1952 में यह डिश पहली बार पेश की गई थी। यूं तो यहां हर रोज़ ना जाने कितने लोग पहुंचते हैं, पर दशकों से राजधानी के अविवाहित पादरी भी यहां आते हैं। वे यहां अपने जन्मदिन पर डिनर करते हैं। आपने राज निवास मार्ग में सेंट ज़ेवियर्स स्कूल तो देखा होगा। मुमकिन है कि आपका इसके लगभग साथ ही खड़ी एक इमारत की तरफ़ ध्यान ना गया हो। 1925 में बनी इस इमारत को कहते हैं ब्रदर्स हाउस। इसमें रहते हैं राजधानी की चर्चों के अविवाहित पादरी। दिल्ली में ब्रदरहुड ऑफ़ दि एसेंनडेंड क्राइस्ट की स्थापना 1877 में हुई थी। इस संस्था का संबंध कैम्ब्रिज यूनिवर्सिटी से है। इन्होंने ही राजधानी में सेंट स्टीफ़ंस कॉलेज और सेंट स्टीफ़ंस अस्पताल की स्थापना की थी। चूंकि ये सब पादरी ब्रदरहुड ऑफ़ दि एसेंनडेंड क्राइस्ट से संबंध रखते है इसलिए इन्हें ब्रदर भी कहा जाता है। सोलोमन जॉर्ज भी अविवाहित पादरी हैं। वह बताते हैं कि ब्रदर हाउस में रहने वाले अविवाहित पादरियों की दुनिया समाज सेवा और चर्च के कामों के इर्द-गिर्द ही घूमती है, पर वे सब मिलकर अपना जन्मदिन 'दि एंबेसी' में डिनर करके सेलिब्रेट करते हैं।

कनॉट प्लेस की जान है वेंगर्स। इसे 1947 तक एक स्विस दंपती जीन स्टर्की वेंगर (Jeanne Sterchi Wenger) और एचसी वेंगर (HC Wenger) चलाते थे। यह संसद मार्ग पर स्थित बैंक ऑफ़ बड़ौदा बिल्डिंग के पास बनी एक बिल्डिंग के फ़्लैट में रहते थे। अब वहां डीएलएफ़ की बिल्डिंग बन गई है। दरअसल दिल्ली की पहली क़ायदे की बेकरी वेंगर्स को ही माना जाता है। इसकी शुरुआत 1924 में हुई थी। तब यहां से ब्रिटिश सेना के लिए केटरिंग की व्यवस्था होती थी। वेंगर्स ने 1926 में कश्मीरी गेट के एक्सचेंज स्टोर से टी-रूम और कन्फ़ेक्शनरी शॉप शुरू की थी। कनॉट प्लेस बनते ही वेंगर्स यहां ए ब्लॉक में आ गए। अपनी बेहतरीन क्वॉलिटी के चलते वेंगर्स की बेकरी और कन्फ़ेक्शनरी ने दिल्ली के दिल में स्थायी रूप से जगह बना ली।

भारत के आज़ाद होने के बाद 1947 में वेंगर्स के स्विस मालिकों ने यहां से जाते हुए इसका स्वामित्व अपने एक मुलाज़िम बी.एम. टंडन को सौंप दिया। उन्होंने भी इसके माल की क्वॉलिटी के साथ कभी समझौता नहीं किया। जाड़ों में वेंगर्स के गर्मागर्म कबाब लेने वालों की भीड़ लगी रहती है। बदलते वक़्त और बढ़ती ज़रूरतों के साथ वेंगर्स ने अपने बिज़नेस का विस्तार किया। इसकी कीमे की

पैटीज़ भी बहुत पसंद करते हैं दिल्लीवाले। इसके लज़ीज़ केक्स की सारी दिल्ली में सप्लाई होती है। दिल्ली की क्रिश्चियन बिरादरी भी पसंद करती है यहां से क्रिसमस केक बनवाना। वेंगर्स के मफ़िन, कुकीज़, पिज़्ज़ा, काठी रोल, हॉट डॉग, पाइन एप्पल तथा चॉकलेट केक और पेस्ट्रीज़ स्वाद में लाजवाब होते हैं।

वेंगर्स को लंबे समय तक न्यू राजेन्द्र नगर की शंकर रोड मार्केट की न्यू ग्रैंड बेकरीज़ से चुनौती भी मिली। इसके छोटे-बड़े स्वादिष्ट केक, मीठे-नमकीन बिस्किट, रस्क, पेस्ट्रीज़ वग़ैरह का स्वाद लेते हुए सेंट्रल और वेस्ट दिल्ली की कई पीढ़ियां बढ़ी हुई थीं। न्यू ग्रैंड बेकरीज़ पर 2020 में ताला लग गया। न्यू ग्रैंड बेकरीज़ को पाकिस्तान से आए एक रिफ़्यूजी परिवार ने 1952 में खोला था। इसके बंद होने के साथ ही वेंगर्स को अब कोई चुनौती देने वाला नहीं है।

कनॉट प्लेस के श्रेष्ठ रेस्तराओं की बात होगी, तो यूनाइटेड कॉफ़ी हाउस का ज़िक्र अवश्य करना होगा। यह लक्ज़री और क्लास का संगम है। यह भी सियासत, बिज़नेस, ब्यूरोक्रेसी वग़ैरह की दुनिया से जुड़े ख़ासमख़ास लोगों का अड्डा रहा है। यहां पर दोस्तों की महफ़िलें लगातार चलती हैं। आपको यहां का ऐंबियंस और खाने-पीने का ज़ायका निराश नहीं करेगा। यहां 150 से 200 डिशेज़ हमेशा उपबल्ध रहती हैं। राजधानी के मशहूर चार्टर्ड एकाउंटेंट राजन धवन कहते हैं कि वह गुज़रे पचास वर्षों से अपने परिवार के साथ यूनाइटेड कॉफ़ी हाउस जा रहे हैं। कभी अपने पेरेंट्स के साथ जाते थे। वक़्त गुज़रने के साथ अब अपने बच्चों और उनके बच्चों के साथ जाना पसंद करते हैं। यहां आकर कोई ना कोई पुराना दोस्त जरूर मिल जाता है।

दरअसल यूनाइटेड कॉफ़ी हाउस को राजधानी में 1942 में स्थापित किया था लाला हंसराज कालड़ा ने। वह सियालकोट (अब पाकिस्तान) से चांदनी चौक में आकर रहने लगे थे। जब यूनाइटेड कॉफ़ी हाउस शुरू हुआ, तो सुबह 11 बजे से रात आठ बजे तक खुला करता था। तब यहां पुरानी दिल्ली का स्ट्रीट फूड ही मिला करता था। जैसे: ऑमलेट, चना-भट्टूरा, टिक्की वग़ैरह। तब तक दिल्लीवाले घर के बाहर का जाकर खाना ज़्यादा पसंद नहीं करते थे। देश के आज़ाद होने या यों कहें कि 1960 के दशक से यहां पुरानी दिल्ली के कायस्थ और पाकिस्तान से आए रिफ़्यूजियों की पसंदीदा डिशेज़ मिलने लगीं। इसके साथ ही यहां मेक्सिकन, लेब्रीज़, साउथ इंडियन डिशेज़ भी मिलने लगीं। सबके ज़ायके

कमाल के। यहां का कीमा समोसा, टोमेटो फ़िश, चपली कबाब के तो कहने ही क्या!

कनॉट प्लेस के लिए 2005 सच में बहुत मनहूस था। उस साल यहां का एक बेहद ख़ास लैंडमार्क 'मद्रास होटल' बंद हो गया था। इसने अपने सत्तर वर्षों के सफ़र में दिल्लीवालों को भरपूर आनंद दिया था। जो भी यहां आया, फिर वह बार-बार आता रहा। इसे के. सुब्बा राव ने खोला था। यह बात 1935 की है। तब कनॉट प्लेस नया-नया बना था। मद्रास होटल नाम इसलिए रखा गया था क्योंकि तब तक दिल्ली के लिए दक्षिण भारत का मतलब मद्रास ही होता था। सुब्बा राव तो मौजूदा कर्नाटक के उडुपी से थे। मद्रास होटल में खाने के शौकीन डोसा, इडली, वड़ा खाने के लिए आने लगे। इसके मार्फ़त दिल्ली पहली बार दक्षिण भारतीय डिशेज़ का स्वाद चख रही थी। इससे पहले दिल्ली में इस तरह का कोई रेस्तरां नहीं था।

सुब्बा राव की 1955 में अकाल मृत्यु के बाद मद्रास होटल को संभालने की ज़िम्मेदारी उनके पुत्र प्रियवंदन राव पर आ गई। उन्होंने पहला फ़ैसला यह लिया कि डोसे के साथ एक-दो बार आलू की अतिरिक्त मांग करने वालों तथा बार-बार सांभर मांगने वालों को मना नहीं किया जाएगा। उनसे अतिरिक्त पैसा भी नहीं लिया जाएगा। यक़ीन मानिए कि इस पहल से दिल्लीवाले मद्रास होटल पर जान निसार करने लगे। यह नीति मद्रास होटल की यूएसपी बन गई। आपको अब भी दर्जनों दिल्लीवाले मिल जाएंगे, जिन्होंने यहां आकर दो-तीन बार आलू और पांच-छह बार तक सांभर लिया। मद्रास होटल का गर्मागर्म सांभर पीकर आत्मा भी तृप्त हो जाया करती थी।

सत्तर के दशक के आते-आते मद्रास होटल का जादू सिर चढ़कर बोलने लगा था। यहां रोज़ बड़ी संख्या में लोग आने लगे। मद्रास होटल की लोकप्रियता का अंदाज़ा इस बात से लगाया जा सकता है कि 1967 में शिवाजी स्टेडियम से सटे बस टर्मिनल का नाम ही मद्रास होटल हो गया। हालांकि उसे 1982 में एशियाई खेलों के समय बदला गया। कनॉट प्लेस आने वालों के लिए मद्रास होटल में लज़ीज़ डिशेज़ का आनंद लेना अनिवार्य हो गया। पूर्व भाजपा सांसद आर.के. सिन्हा को याद है कि जब वह 1980 के दशक में दिल्ली कामकाज के सिलसिले में बार-बार आने लगे, तो मद्रास होटल अवश्य पहुंचा करते थे। वह कहते हैं, 'गुस्ताख़ी माफ़, जिन्होंने मद्रास होटल के ज़ायके को नहीं चखा, उन्हें इस बात का सही से अंदाज़ा कभी नहीं होगा कि वहां दिल्लीवाले क्यों इतना जाना पसंद करते

थे? ख़स्ता-करारा डोसा, वड़ा और इडली तो दिव्य होती ही थी, उसके साथ मिलने वाली नारियल की चटनी का स्वाद भी अतुलनीय होता था।'

कौन भूल सकता है मद्रास होटल की लाजवाब थाली को। उसमें गीली सब्जी, सूखी सब्जी, रसम, दही पापड़, अचार, मिष्ठान आदि होता था। लंच दिन में 12 से 3 बजे तक चलता था। इस दौरान सैकड़ों खाने के शौकीन सुस्वादु थाली चखने यहां ज़रूर आते थे। मद्रास होटल के शेफ़ के काम तय होते थे। कुछ शेफ़ सिर्फ डोसा ही बनाते थे, तो कुछ इडली और वड़ा। सभी शेफ़ उडुपी के होते थे। मद्रास होटल में कभी नॉन-वेज डिशेज़ नहीं परोसे गए। राव साहब इस मसले पर किसी भी तरह के समझौते के लिए तैयार नहीं हुए। वह ख़ुद सुबह-शाम होटल परिसर में ही घूमते थे। मद्रास होटल साल 2005 में बंद हो गया। उसे अपनी किराए की जगह खाली करनी पड़ी क्योंकि जिनकी जगह थी, उन्होंने उसे अपने उपयोग के लिए लेना था। इस तरह दिल्ली का सबसे महत्त्वपूर्ण लैंडमार्क और कनॉट प्लेस का हमेशा आबाद रहने वाला हिस्सा उजाड़ हो गया। आख़िरी बार राव साहब मद्रास होटल से निकले, तो बच्चों की तरह फूट-फूट कर रोए थे।

एक छोटी-सी दुकान का बड़ा नाम। यह परिचय है केवेंटर्स का। कनॉट प्लेस को जिन ज़ायकों ने इसे एक ख़ास पहचान दिलाई है उनमें केवेंटर्स के मिल्कशेक और कोल्ड कॉफ़ी की चर्चा करना अनिवार्य है। ए ब्लॉक में है केवेंटर्स। आप कभी भी, किसी भी समय यहां चल जाइए आपको शेक, आइसक्रीम या कोल्ड कॉफ़ी के कद्रदानों की भीड़ मिलेगी। टीवी की दुनिया की शिखर शख़्सियत विनोद दुआ यहां अपना पसंदीदा शेक पीते हुए मिल जाया करते थे। वह कहते थे कि कनॉट प्लेस में आकर केवेंटर्स ना गए, तो फिर कनॉट प्लेस आना अधूरा ही रहता है। केवेंटर्स एक छोटी-सी दुकान है। इसमें सात-आठ लोग ही बैठ पाते हैं। बाक़ी बाहर ही खड़े होते हैं।

बेशक, कनॉट प्लेस के एल ब्लॉक में दशकों तक चला निरूलाज़ दिल्ली की शान हुआ करता था। इसे 1934 में एल.सी. नरूला और एम. नरूला ने शुरू किया था। ये दोनों भाई थे। इस होटल में 13 कमरे, रेस्तरां और एक बार भी हुआ करता था। निरूलाज़ में 1950 में 'चाइनीज़ रूम' नाम से चाइनीज़ रेस्तरां शुरू हुआ। इसे राजधानी का पहला चाइनीज़ रेस्तरां माना जाता था। निरूलाज़ 1970 के दशक में फ़ास्ट फ़ूड के क्षेत्र में आ गया। वेंगर्स की तरह यहां के सामान की भी क्वॉलिटी उम्दा थी। कभी किसी कस्टमर को शिकायत नहीं होती थी इसलिए यह

1990 तक तो कनॉट प्लेस के सबसे ख़ास लैंडमार्क्स में से एक बन चुका था। इसने प्रीत विहार, चाणक्यपुरी, डिफ़ेंस कॉलोनी वगैरह में भी अपने आउटलेट खोले। राजधानी के पहले वॉटर स्पोर्ट्स पार्क फ़न एंड फ़ूड विलेज के मैनेजिंग डायरेक्टर संतोष चावला को याद है कि जब वे अपने परिवार और दोस्तों के साथ निरूलाज़ में डोसा, पिज़्ज़ा या आइसक्रीम का मज़ा लेने आते थे, 'निरूलाज़ की क्लास ही अलग थी। इसके ज़ायके टॉप क्लास हुआ करते थे। सर्विस भी शानदार रहती थी। यहां आकर कभी निराशा नहीं होती थी।'

निरूलाज़ में कॉलेज के स्टुडेंट्स की भी भीड़ लगी रहती थी। हालांकि 1991 में आर्थिक उदारीकरण के बाद कनॉट प्लेस में मेकडॉनाल्ड्स और केएफ़सी समेत बहुत सारे विदेशी ब्रांड वाले रेस्तरां खुलने लगे। इसके चलते निरूलाज़ का एकछत्र राज तो नहीं रहा और 1990 के दशक के मध्य तक नरूला बंद हो गया। फिर यह कनॉट प्लेस में एक दूसरी जगह खुला, पर वह पहली वाली बात नहीं रही।

कनॉट प्लेस के बंद हो गए रेस्तराओं में वोल्गा का भी अपने एक ख़ास मुक़ाम था। यह बार-कम-रेस्तरां था। यहां पर फ़ैमिली, यंग कपल, नवविवाहित जोड़े और राजनीति की दुनिया के खिलाड़ी ख़ासतौर पर आया करते थे। मदन लाल खुराना और कांग्रेस के दिग्गज नेता और मुख्य कार्यकारी पार्षद रहे जगप्रवेश चंद्रा वोल्गा रेस्तरां में पत्रकारों के साथ बैठे मिल जाया करते थे। कहने वाले कहते हैं कि बाद के वर्षों में वोल्गा मैनेजमेंट ने अपने बार को प्रमोट करने की फ़िराक़ में अपना बड़ा नुक़सान कर लिया। इससे वहां ड्रिंक करने वालों की तो भीड़ रहने लगी, पर इसके बाक़ी चाहने वाले इससे दूर हो गए। कनॉट प्लेस में लगभग 60 वर्षों तक चलने वाला वोल्गा 2010 में बंद हो गया।

कनॉट प्लेस में सुपर बाज़ार के ठीक सामने लीडो और इससे कुछ दूरी पर मिंटो ब्रिज पर होता था ब्लू स्टार रेस्तरां। ये दोनों अपने कैबरे डांस के लिए विख्यात हुआ करते थे। इन दोनों के सचित्र विज्ञापनों को दिल्ली हरेक शाम ईवनिंग न्यूज़ और सांध्य टाइम्स जैसे अख़बारों में देखा करती थी। लीडो संभवत: कनॉट प्लेस का पहला कैबरे डांस दिखाने वाला रेस्तरां था। यह 1950 से लेकर 1990 के दशक तक चला। इसके बाहर कैबरे डांस करने वाली बालाओं के ब्लैक एंड व्हाइट चित्रों को दिल्लीवाले बड़े ही मन से देखा करते थे।

अगर बात ब्लू स्टार की करें, तो यह सत्तर के दशक से लेकर नब्बे के दशक तक अपने जलवे बिखरने के बाद बंद कर दिया गया था। किराए को लेकर एमसीडी का रेस्तरां वालों से विवाद हो गया था, जिसके बाद इसे बंद करना पड़ा। इसके बाद यहां 'कप एंड सॉसर' नाम का रेस्तरां भी खोला गया लेकिन विभिन्न विवादों के चलते उसे भी बंद कर दिया गया। नए साल पर तो इन दोनों में कैबरे के स्पेशल शो देखने के लिए भारी भीड़ रहा करती थी। ब्लू स्टार में कैबरे देखने वालों में लड़ाई-झगड़ों की भी ख़ूब ख़बरें आया करती थीं।

यूं तो कनॉट प्लेस और इसके आसपास स्थित बाज़ारों में ढेरों रेस्तरां, होटल, ढाबे वग़ैरह हैं, जिनमें हर इंसान के बजट के मुताबिक, वेज-नॉनवेज फ़ूड मिलता है। लेकिन 'काके दा होटल' की अनदेखी करना संभव नहीं है। यह युसुफ़ज़ई मार्केट में है। काके दा होटल जगह के लिहाज़ से छोटा-सा है लेकिन इसका क़द बहुत ऊंचा है इसके ज़ायकों के कारण। यहां का मटन कोरमा, कीमा-कलेजी, साग वाला चिकन और मटर पनीर के स्वाद ने इसे एक विशिष्ट स्थान दिया है। इसे अमलोक राम चोपड़ा ने खोला था। यहां के अधिकतर शेफ़ नेपाली रहे हैं।

क्या आपको याद है जब इंडियन कॉफ़ी हाउस के ठीक साथ में 'दि रैंबल' नाम का एक ओपन एयर रेस्तरां भी हुआ करता था। यह उसी स्थान पर आबाद था, जहां अब पालिका पार्किंग है। इसमें वकीलों और डॉक्टरों के अलावा वे लोग बैठा करते थे, जिनकी जेबें थोड़ी भारी हुआ करती थीं।

कनॉट प्लेस में मलिक स्वीट्स, हीरा स्वीट्स, तिवारी स्वीट्स जैसी मशहूर मिठाई की दुकानों के बाद भी अगर यहां मिठाई के कुछ ठीये गुज़रे दशकों से चल रहे हैं, तो ज़ाहिर है कि दिल्ली इनके ज़ायकों को पसंद करती है। बिज़नेसमैन सैंडी गर्ग कहते हैं कि वह जब भी कनॉट प्लेस की तरफ़ आते हैं, सिंधिया हाउस के क़रीब वाले या एम ब्लॉक में जाकर रबड़ी या कुल्फ़ी ज़रूर खाते हैं। सिर्फ 30-40 रुपये में दिल बाग-बाग हो जाता है। यह सिलसिला तब से चल रहा है, जब वह अपने पेरेंट्स के साथ सीपी में फ़िल्में देखने आते थे और रहते थे बंगाली मार्केट के पास महाबत खां रोड में।

आपने कनॉट प्लेस में हनुमान मंदिर या शिव मंदिर में दर्शन करने के बाद करारी-खस्ता कचौड़ी ज़रूर खाई होगी। अगर नहीं खाई, तो आपने बहुत कुछ मिस किया है। भगवान को भोग लगाने के बाद यहां की कचौड़ियों का भी भोग

लगा लेना चाहिए। कुरकुरी कचौड़ी को मसालेदार दाल से भरकर तैयार किया जाता है और इसके साथ स्वादिष्ट आलू की सब्जी परोसी जाती है। वैसे तो जो कचौड़ी का ठीया लगाते हैं, वे ब्रेड पकौड़ा भी बेचते हैं, पर कचौड़ी की बात ही अलग है। इन ठीयों के आगे हर वक़्त भीड़ लगी ही रहती है। आप यहां कचौड़ी खाने के बाद हनुमान मंदिर परिसर में बनी चाय दुकानों से कुल्हड़ वाली चाय का आनंद भी ले सकते हैं।

कौन-सा दिल्लीवाला होगा, जो राजमा-चावल खाना पसंद ना करता हो। अगर आप दिल्लीवालों से पूछेंगे कि उनकी पसंदीदा डिशेज़ कौन-सी हैं, तो हर किसी के मुंह से या तो 'राजमा चावल' निकलेगा या फिर 'छोले चावल'। आप इन दोनों के ज़ायके लेने के लिए कनॉट प्लेस में जैन चावल वाले के पास जा सकते हैं। यह रिवोली के बेहद क़रीब है। यहां लोग दूर-दूर से स्वादिष्ट राजमा चावल खाने के लिए आते हैं।

कनॉट प्लेस में जाड़ों की गुनगुनी धूप में गर्मागर्म गाजर का हलवा और रबड़ी खाने का भी अलग सुख है। आप कनॉट प्लेस में अब भी कम से दो-तीन जगहों पर इस कॉम्बो को ट्राई कर सकते हैं। आप चाहें तो सिंधिया हाउस से चंद क़दमों की दूरी पर और एम ब्लॉक में रबड़ी और गाजर का हलवा खा सकते हैं। इनकी कोई दुकान नहीं है। ये खुले में अपना ठीया लगाकर माल बेच रहे हैं। इनके बनाए मिष्ठानों का स्वाद अद्भुत होता है इसलिए इनके क़द्रदान बढ़ते ही जा रहे हैं। कनॉट प्लेस में गुज़रे कई दशकों से दिल्लीवालों का मुंह मीठा करवा रहे ये सज्जन हर मौसम में रबड़ी रखते हैं। गर्मियों में कुल्फ़ी, रसगुल्ला और आइसक्रीम जुड़ जाती है।

जंतर मंतर के आसपास का सबसे बड़ा लैंड मार्क है कुट्टीज़। यहां धरना-प्रदर्शन करने वाले आंदोलनकारियों से लेकर, महंगी कारों में आने वाले और बाक़ी तमाम लोग डोसा, इडली, वड़ा वग़ैरह चट कर रहे होते हैं। इधर वे सब लोग भी आते हैं, जिनके आपस में राजनीतिक रूप से विचार नहीं मिलते। यहीं से अटल बिहारी वाजपेयी और राहुल गांधी के घरों में गर्मागर्म डोसे जाते रहे हैं। यहीं से कनॉट प्लेस के अनेक दफ़्तरों में काम करने वाले अपनी पसंदीदा डिशेज़ मंगवाते हैं। आपको यहां सुबह से लेकर रात तक सैकड़ों लोग स्वादिष्ट साउथ इंडियन डिशेज़ खाते हुए मिलेंगे। यहां बैठने की कोई व्यवस्था नहीं है। सब खड़े-खड़े या फिर दायें-बायें बैठकर अपनी प्लेट को जल्दी-जल्दी साफ़ कर रहे होते हैं। दिल्ली-

एनसीआर की एक रीयल एस्टेट कंपनी के मैनेजिंग डायरेक्टर डॉ. देवेन्द्र गुप्ता कहते हैं, 'कुट्टीज़ ने मद्रास होटल की कमी को काफ़ी हद तक दूर कर दिया है। अगर आपने कनॉट प्लेस का पुराना मद्रास होटल देखा है तो आपको कुट्टीज़ के पास आकर लगेगा कि यह मद्रास होटल का लघु संस्करण है।'

सीपी में चीन!

साल 1937। कनॉट प्लेस का श्रीगणेश हुए चंद बरस ही गुज़रे थे। अभी बहुत से शोरूम खाली पड़े थे। तब यहां शॉपिंग के लिए कुल मिलाकर गोरे ही आते थे। तब च्यू यूएह सान ने यहां एफ़ ब्लॉक में जूतों का शोरूम खोला था। उन्होंने उसका नाम रखा डी. मिनसेन एंड कंपनी। वह अब भी आबाद है। च्यू साउथ चीन के कैंटोन शहर से 1935 के आसपास कलकत्ता आए थे। वह कलकत्ता से दिल्ली आ गए। उन्हें लगा कि देश की नई राजधानी में काम-धंधे के बेहतर मौक़े होंगे। अब उनके शोरूम को उनके पौत्र यानी तीसरी पीढ़ी देखने लगी है। पौत्र का नाम एडवर्ड है और वह आईआईटी, दिल्ली के छात्र रहे हैं। लेकिन उन्होंने कहीं नौकरी करने की बजाय अपने परिवार के काम को संभालना सही समझा। च्यू के सेंट कोलंबस स्कूल और हंसराज कॉलेज में पढ़े पुत्र जॉर्ज च्यू लगभग पचास वर्षों तक शोरूम को चलाते और आगे बढ़ाते रहे।

अगर हम 1960 के दशक के कनॉट प्लेस में जाएं, तो हमें तब यहां 10-11 छोटे-बड़े चीनियों के शोरूम मिलते थे। ये अधिकतर जूते और लेदर का सामान बेचने वालों के शोरूम थे। ये अपने कस्टमर्स के लिए ख़ुद ही जूते, चप्पलें, बैलीज़, सैंडिल वग़ैरह बनाते भी थे। कुछ चीनी कनॉट प्लेस में घरों-दफ़्तरों की डेकोरेशन, कलाकृतियों, फूड वग़ैरह के शोरूम भी चला रहे थे।

दरअसल च्यू यूएह सान उन हज़ारों चीनियों में से थे, जो अपने देश को छोड़कर भारत या दुनिया के किसी अन्य भाग में चले गए थे। कारण यह था कि बीसवीं सदी के आरंभ में चीन भीषण आर्थिक बदहाली से गुज़र रहा था। सामान्य इंसान के पास काम-काज नहीं था। वह दाने-दाने को मोहताज था। बेरोज़गारी के कारण हालत बहुत ख़राब हो चुके थे। इन परिस्थितियों के कारण चीन से च्यू यूएह सान और पहाड़गंज में डेंटल क्लिनिक खोलने वाले डॉ. चेन जैसे सैकड़ों-हज़ारों चीनी बेहतर ज़िंदगी की तलाश में भारत आ गए थे। ये ज्यादातर समुद्री मार्ग से कोलकाता आए थे। कुछ मुंबई, कोच्चि तथा मद्रास बंदरगाहों पर भी उतरे थे।

वहां से वे देश के दूसरे शहरों में जाते रहे। इस बीच कनॉट प्लेस के एफ़ ब्लॉक में चुंग सेम नियान नाम के एक चीनी ने अपना जूतों का शोरूम खोला। उसका नाम था 'चार्ल्स सेमियन'। कनॉट प्लेस के पुराने लोग बताते थे कि चुंग सेम नियान के बहुत लंबे-लंबे बाल हुआ करते थे। वह चोटी भी रखते थे। वह बहुत ज़िंदादिल शख़्स थे। अपने कस्टमर्स से ख़ूब देर तक बातें किया करते थे। उनके साथ उसकी पत्नी भी शोरूम में रहती थी। वह पहाड़गंज में रहते थे। वहां से ही सुबह कनॉट प्लेस आते। यह 1960 और 1970 की बातें हैं।

कनॉट प्लेस में चाइनीज़ आर्ट पैलेस नाम का एक बहुत बड़ा और भव्य शोरूम वोंग नाम के शख़्स ने ए ब्लॉक में खोला था। उन्होंने 1940 के आसपास दिल्ली में कलाकृतियों और जूतों का शोरूम खोला था। उनका पैकेजिंग का भी मोटा काम था। वोंग ने दिल्ली के बाद कराची, मुंबई, श्रीनगर और शिमला में भी अपने शोरूम खोले थे। वह रहते दिल्ली में ही थे। दिल्ली से बाहर उनके बिज़नेस को उनके मैनेजर देखते थे। वह मुंबई में जाकर ताज होटल में ही ठहरा करते थे, पर जीवन के अंतिम वर्षों में जब वह काफ़ी बीमार रहने लगे, तो उन्होंने अपने सारे शोरूम अपने मैनेजरों को दे दिए थे। उनका एक पुत्र भी था। वह अमेरिका जाकर बस गया था। उसका घर साउथ एक्सटेंशन में है। वोंग ने चाइनीज़ आर्ट पैलेस अपने दिल्ली शो रूम के मैनेजर चेन किन टेन को दे दिया था।

कनॉट प्लेस के डी ब्लॉक में भी एक चीनी शूज़ शोरूम 'एलाइड एंड कंपनी' था। इसके पास काफ़ी बड़ा स्पेस था। इसके मालिक का नाम ल्यू थोंग कियान था। इसी तरह से जी ब्लॉक में 'स्मार्ट शूज़ कंपनी' नाम का शोरूम था। इसे चुंग यिन नियान चलाते थे। वह भी चीनी मूल के भारतीय थे। कनॉट प्लेस के बी ब्लॉक में लियोंग पिन चोंग जूतों की छोटी-सी दुकान चलाते थे। इसमें लियोंग की पत्नी भी काम करती थीं। बी ब्लॉक में ही 'भगवानदास एंड कंपनी' के एक हिस्से में होपसन एंड कंपनी नाम से शूज़ शोरूम था। इसके मालिक ल्यू ची हेसिन थे। उनके बारे में कहा जाता है कि वह दो घंटे में बेहतरीन जूता बना दिया करते थे।

एक चीनी जूतों की दुकान ए ब्लॉक में भी चलाता था। उनका नाम येप थियान फ़ेट था। वह बहुत स्मार्ट शख़्स थे। हमेशा अच्छे कपड़े पहनकर ही दुकान में बैठा करते थे। उन्हें महिलाओं के हाई हील के सैंडिल बनाने में महारत हासिल थी। उनका माल मंहगा हुआ करता था। उनके पास दिल्ली के एलीट परिवारों की

महिलाएं शॉपिंग के लिए आया करती थीं। वह हर वक़्त अपनी महिला कस्टमर्स से ही घिरे रहा करते थे।

कनॉट प्लेस से सटी शंकर मार्केट में भी एक चीनी मूल के भारतीय शख़्स अपना शोरूम 'जॉन ली' चलाते थे। उनका नाम ली होन कियोंग था। यह भी जूतों का शोरूम था। उनका तगड़ा काम था लेकिन ली ने 1980 के दशक के अंत में अपना शोरूम बंद कर दिया था और वह सपरिवार स्वदेश चले गए थे। यहां पुरानी दिल्ली, मिंटो रोड, पहाड़गंज, दरियागंज, बंगाली मार्केट से बहुत लोग पहुंचते थे।

इसी तरह से एफ़ ब्लॉक में यूनियन बैंक के पास येप केम स्यू की 'जॉन ब्रदर' नाम से छोटी-सी दुकान थी। कनॉट प्लेस में 1930 के दशक के अंत में यह खुल गई थी। येप ने बहुत छोटी-सी दुकान इसलिए ली क्योंकि शुरुआती वर्षों में कनॉट प्लेस में बहुत कम लोग ख़रीदारी के लिए आया करते थे। दिल्ली बहुत छोटा-सा शहर हुआ करता था इसलिए दुकानदारों को अपनी दुकानों के किराए निकालने के लिए भी बहुत मेहनत करनी पड़ती थी। यह शोरूम कुछ साल पहले ही बंद हो गया है।

कश्मीरी गेट में भी 1930 के दशक में कुछ चीनियों ने अपने शोरूम खोल लिए थे। कनॉट प्लेस के बनने से पहले तो कश्मीरी गेट में गोरे और दिल्ली के पैसे वाले शॉपिंग के लिए पहुंचते थे। कश्मीरी गेट में चुंग टियान चेंग नाम के सज्जन ने अपना शोरूम खोला था। यह शो रूम सेंट जेम्स चर्च के ठीक सामने होता था। हालांकि यह 1970 के आसपास बंद भी हो गया था। कहते हैं कि चुंग वापस इलाहाबाद चले गए थे। वह इलाहाबाद से ही दिल्ली में क़िस्मत आज़माने आए थे। चुंग इलाहाबाद में भी ज़्यादा नहीं रहे। वह वहां से कनाडा चले गए थे, जहां वह एक गोल्फ़ कोर्स में काम करने लगे थे।

ख़ैर, अब कनॉट प्लेस में सिर्फ एक चीनी मूल के भारतीय का शोरूम बचा है। कनॉट प्लेस की ख़ास बात यही थी कि यहां हिन्दू, मुसलमान, सिख, एंग्लो इंडियन, चीनी, पारसी वग़ैरह के शोरूम थे या ये उनमें काम करते थे। यहां के चीनियों ने अपने शोरूम अलग-अलग कारणों से बंद कर दिए। कुछ देश से बाहर चले गए, तो कुछेक की दूसरी पीढ़ी की दुकान चलाने में दिलचस्पी नहीं थी।

कनॉट प्लेस में जिन चीनियों की दुकानें थी, उनकी 1962 में भारत-चीन युद्ध के समय पुलिस निगरानी काफ़ी बढ़ गई थी। डी. मिनसेन एंड कंपनी वाले जॉर्ज च्यू

उस जंग के समय सेंट कोलंबस स्कूल में पढ़ते थे। उन दिनों को याद करते हुए वह कहते हैं, 'मैं 1962 की जंग के दौरान बहुत छोटा था, पर मुझे याद है कि हमारे कनॉट प्लेस के शोरूम के बाहर सादी वर्दी में पुलिस वाले नज़र रखते थे। उन्हें लगता था कि शायद हमारे चीन से कोई संबंध होंगे, पर उन्हें निराशा ही हाथ लगी। युद्ध ख़त्म होने के बाद एक-दो पुलिस वाले मेरे पिता से मिलकर कह गए थे कि आप तो किसी हिन्दुस्तानी से बढ़कर हिन्दुस्तानी हो।' तब दिल्ली में रहने वाले लगभग सभी चीनी मूल के भारतीयों की दुकानों और घरों के आगे पुलिस और इंटेलिजेंस एंजेसियां पैनी नज़र रख रही थीं।

कनॉट प्लेस में अपने शोरूम चलाने वाले सभी चीनी मूल के भारतीय घर के बाहर तो पंजाबी मिश्रित हिन्दी ही बोलते हैं। जॉर्ज च्यू कहते हैं, 'अब तो हिन्दी में ही अधिक बोलना पड़ता है। मैं अपनी चीनी भाषा (मेंडरिन) में सिर्फ पत्नी या बेटों से ही बात करता हूं। मैंने स्कूल तक हिन्दी पढ़ी-सीखी है।' उन्होंने अपने दोनों पुत्रों को भी हिन्दी सिखाई थी, 'मेरे दोनों बेटे सेंट कोलंबस स्कूल में थे। उन्हें हिन्दी में जब भी कोई दिक्क़त होती, तो मैं ही उन्हें पढ़ाया करता था।' वह कहते हैं कि लगभग बीस साल पहले तक कनॉट प्लेस में आने वाले भारतीय कस्टमर भी अंग्रेज़ी में बात किया करते थे। अब वह स्थिति नहीं रही है। अब नई पीढ़ी के कस्टमर बेहतर अंग्रेज़ी जानने के बाद भी हिन्दी में बोलते हैं।

क्या आप जानते हैं जॉर्ज च्यू की पत्नी वायलट की बहन की शादी दिल्ली के गुज़रे दौर के बेहतरीन क्रिकेटर एस.एस. ली से हुई है। राजधानी की क्रिकेट को 70 से 90 के दशकों के दौरान फ़ॉलो करने वालों के लिए ली को मैदान में देखना अपने आप में किसी बेहतरीन अनुभव से कम नहीं होता था। वह क्रिकेटर से अधिक बॉडी बिल्डर लगते थे। वह लगभग लाल रंग के थे। दिल्ली की रणजी ट्रोफ़ी टीम से भी खेले। हरफ़नमौला क्रिकेटर थे ली। ली सेंट स्टीफ़ंस कॉलेज और दिल्ली यूनिवर्सिटी से भी खेले। दोनों की क्रिकेट टीमों के कैप्टन रहे। ली मिस्टर दिल्ली यूनिवर्सिटी भी रहे। उनका साल 2022 में निधन हो गया था।

वैसे राजधानी में रहने वाले चीनी ख़ुद मानते हैं कि ये लोग कोई बहुत सामाजिक नहीं होते हैं। इन्हें हिन्दुस्तानियों की तरह आपस में मिलने-जुलने को बहुत शौक़ नहीं होता है, पर ये दिल्ली में रहकर अब दिल्लीवाले हो चुके हैं। इन्हें हिन्दी और पंजाबी बोलना भी आ गया है।

ईश्वर-अल्लाह तेरो नाम...

कनॉट प्लेस में मंगलवार और शनिवार को आपको इस तरह के बहुत से चेहरे नज़र आ जाएंगे, जिनके माथे पर लाल तिलक लगा होगा और हाथ में प्रसाद का लिफ़ाफ़ा या डिब्बा होगा। ये सब हनुमान मंदिर में पूजा-अर्चना के लिए आए होते हैं। कनॉट प्लेस के हनुमान मंदिर को राजधानी के सबसे प्राचीन हनुमान मंदिरों से एक माना जाता है। इसे आमेर के राजा जयसिंह ने सन 1724 में बनवाया था। राजा जयसिंह के नाम पर जयपुर शहर का नाम रखा गया था। कहते हैं, राजा जयसिंह कनॉट प्लेस में किसी भवन का निर्माण करवा रहे थे। उस दौरान यहां पर हनुमानजी की मूर्ति प्रकट हुई थी। इसमें हनुमान जी दक्षिण दिशा की ओर देख रहे हैं। इसमें उनकी सिर्फ एक ही आंख दिखाई दे रही है। इस मूर्ति के प्रकट होने के बाद यहां पर हनुमान मंदिर का निर्माण हुआ।

शंकर दयाल शर्मा, इंदिरा गांधी, अटल बिहारी वाजपेयी, बाबू जगजीवन राम, अरविंद केजरीवाल से लेकर आम-ख़ास जन हनुमान मंदिर में आकर पूजा-अर्चना करना या हनुमान चालीसा पढ़ना पसंद करते रहे है। कनॉट प्लेस के हनुमान मंदिर में दिन में हर वक़्त कुछ भक्त हनुमान चालीसा पढ़ रहे होते हैं। मंगलवार और शनिवार को भक्तों की संख्या में तेज़ी से वृद्धि हो जाती है। रात को इनकी संख्या घटती है, पर ख़त्म नहीं होती। यहां 1 अगस्त 1964 से 'श्रीराम जयराम जय-जयराम' मंत्र का अटूट जाप आरंभ हुआ था।

भारत के स्वाधीनता दिवस यानी 15 अगस्त 1947 से भी इस मंदिर की अनेक यादें जुड़ी हैं। हनुमान मंदिर में उस दिन आम दिनों से कहीं ज़्यादा गहमागहमी थी। हालांकि मंगलवार नहीं था, शनिवार भी नहीं था, फिर भी भीड़ थी। शुक्रवार होने के बावजूद भक्तगण भोर से ही मंदिर में पूजा के लिए आ रहे थे। तब तक हनुमान मंदिर के आसपास सिर्फ गोल मार्केट, इरविन रोड (अब बाबा खड़क सिंह मार्ग), राजा बाज़ार तथा लेडी हार्डिंग अस्पताल और कॉलेज के फ़्लैट और कुछ प्राइवेट घर ही थे। यानी इसके आसपास आबादी कम थी। शेष दिल्ली से

भी हनुमान मंदिर में श्रद्धालु कम ही पहुंचते थे। हनुमान मंदिर के मुख्य पुजारी रहे पंडित जयनारायण शर्मा तब 14 साल के थे। वह बताते थे, 'मंदिर में उस दिन सुबह से ही आसपास और सीताराम बाज़ार, दरियागंज, अजमेरी गेट से लोग पूजा-अर्चना के लिए आ रहे थे। सारे माहौल में उत्साह था। आख़िर वह देश की स्वतंत्रता का दिन था।' स्वतंत्र भारत के उज्ज्वल भविष्य के लिए मंदिर में पूजा-अर्चना हो रही थी। सुबह से ही भंडारे का भी कार्यक्रम था। हनुमान मंदिर में दिल्ली-6 से मंगलवार को भक्तगण आ जाते थे। शाम होते-होते सारे कनॉट प्लेस में सन्नाटा हो जाता था।

हनुमान मंदिर में बाबा तुलसीदास के सुंदर कांड का पूरा पाठ दीवारों पर खुदा हुआ है। चूंकि हनुमानजी की मूर्ति दक्षिण दिशा की ओर है इसलिए भक्त मूर्ति की केवल एक आंख को ही देख सकते हैं। मूर्ति के बाएं हाथ में एक गदा है, जिसमें दाहिने हाथ को छाती के आर-पार किया गया है, जो भगवान राम, लक्ष्मण और सीता की बगल वाली मूर्ति की वंदना करता है। एक पतला मुकुट मूर्ति को सुशोभित करता है। मूर्ति के दाहिने कंधे पर एक पवित्र धागा है। मंदिर के मुख्य मंडप की छत कलात्मक रूप से चित्रित राम चरितमानस को दर्शाती है।

यहां हनुमान जयंती हर साल चंद्र हिंदू पंचांग या हिंदू कैलेंडर के अनुसार चैत्र (मार्च-अप्रैल) के महीने में पूर्णिमा के दिन बड़ी धूमधाम से आयोजित की जाती है। हनुमानजी का मास्क और पूंछ पहने भक्त हनुमानजी की बड़ी मूर्तियों को लेकर सड़कों पर जुलूस निकालते हैं। हनुमान मंदिर के इर्द-गिर्द बाज़ार लगना साठ के दशक से शुरू हो गया था। अब तो मंदिर परिसर के भीतर प्रसाद और चूड़ियाँ बेचने वालों की अनेक दुकानों हैं। इनमें से कुछ दुकानें मुसलमान भी चलाते हैं। यहां महिलाओं को मेहंदी लगाने वाले भी हर वक़्त उपलब्ध रहते हैं।

साथ में शिव मंदिर

हनुमान मंदिर से लगभग सटा हुआ है शिव मंदिर। यहां सुबह-शाम आरती के समय सैकड़ों भक्त एकत्र हो जाते हैं। शिवरात्रि के दिन यहां विशेष रूप से रात्रि रूद्राभिषेक पूजन किया जाता है, जिसमें रात के चार पहरों की आरती होती है। शिवरात्रि के दिन प्रातः 4 बजे से ही पूजन शुरू हो जाता है। यहां स्थित शिवलिंग पर द्वादश ज्योतिर्लिंग का प्रभाव माना जाता है। ऐसा माना जाता है कि यह मंदिर

महाभारत काल का है। यहां शिवलिंग की स्थापना अर्जुन ने की थी और कुरुक्षेत्र के युद्ध से पहले उन्होंने अपने अस्त्र-शस्त्रों की पूजा यहां पर की थी। तब से यह भक्तों की आस्था का केंद्र है। माना जाता है कि मंदिर की महत्ता को देखते हुए जयपुर के राजा सवाई जयसिंह ने इसका जीर्णोद्धार करवाया था और उन्होंने ही मंदिर की देखभाल के लिए यहां पुरोहित नियुक्त किए थे।

इस मंदिर परिसर में ही दिल्ली का सबसे पुराना शनि मंदिर भी स्थित है, जहां हर शनिवार को भक्तों की भारी भीड़ लगती है। यहां एक प्राचीन यज्ञवेदी भी है, जहां यज्ञ किए जाते हैं। यहां के सभी महंत दिल्ली के देवली गांव से संबंध रखते हैं। अब उन्हें कुछ बिहार के नौजवान भी सहयोग करते हैं।

वह मां कौन थी?

शिव मंदिर में दशकों तक पतली-दुबली, सफ़ेद साड़ी पहने एक वृद्ध महिला बैठा करती थीं। उन्हें सब माँजी ही कहते थे। सफ़ेद झक बालों वाली माँजी शिव मंदिर में शिवलिंग के पास बैठकर रोज़ घंटों आंखें बंद करके पूजा-अर्चना किया करती थीं। वह सुबह दस-साढ़े बजे के क़रीब अपना स्थान ग्रहण कर लेती थीं और उसके बाद शाम सात बजे तक आंखें बंद करके प्रभु का नाम लिया करती थीं। वह कहां से आती थीं? कहां रहती थीं? इस तरह के सवालों के उत्तर किसी के पास नहीं हैं। माँजी किसी से बात नहीं करती थीं। उनके मंदिर में बैठते ही भोलेनाथ से तार जुड़ जाया करते थे। शिव मंदिर के एक पुराने पुजारी ने बताया कि माँजी लगभग डेढ़ साल से मंदिर नहीं आ रही हैं। उन्हें भी उनके परिवार आदि के बारे में कोई जानकारी नहीं है।

भारत के दो राष्ट्रपति क्रमश: आर. वेंकटरमण और वी.वी. गिरी शिव मंदिर परिसर में स्थित गणेश मंदिर में पूजा-अर्चना करने के लिए नियमित आते रहे हैं। वेंकटरमण साहब तो यहां के प्रबंधन में भी रुचि लेते थे। गणेश मंदिर में सुबह-शाम बुलंद आवाज़ में श्लोक पढ़ते पुजारियों और बालों में गजरा लगाए महिलाओं को देखकर समझ आ जाता है कि ये कहां से संबंध रखती होंगी। गणेश मंदिर का शांत-सात्विक वातावरण आपको यहां कुछ वक़्त बिताने के लिए रोकता है। कहते हैं, दिल्ली-एनसीआर में क़रीब पांच लाख तमिल हैं। ये सभी गणेश मंदिर में आते-जाते रहते हैं। पहले तो तमिल परिवार करोल बाग, सरोजनी नगर, अलकनंदा, आर.के.पुरम, मुनिरका तक ही सीमित थे। अब ये सभी कॉलोनियों में मिल जाते

हैं। मशहूर मद्रास होटल के बंद होने से पहले तक तो तमिल परिवार गणेश मंदिर में पूजा करने से पहले या बाद में पेट पूजा के लिए यहां पहुंच जाते थे। अब यहां सभी इलाक़ों से श्रद्धालु पहुंचते हैं।

गणेश मंदिर दो वजहों से ख़ास है। पहला, यह दिल्ली में दक्षिण भारतीय परम्परा के अनुसार बना पहला मंदिर है। इसके बाद 1970 के दशक के शुरू में आर.के. पुरम के पालम मार्ग पर उत्तर स्वामी मलाई मंदिर की स्थापना हुई। फिर तो सरोजनी नगर, लॉरेंस रोड, रोहिणी में भी बालाजी मंदिर स्थापित हुए। इन सभी इलाक़ों में दक्षिण भारतीय परिवार काफ़ी संख्या में रहते हैं। गणेश मंदिर में हर शनिवार को शनि की मूर्ति पर तेल चढ़ाने का सिलसिला 1955 से ही चल रहा है, यानी इसकी स्थापना के वक़्त से ही। जबकि बाक़ी मंदिरों में शनि की मूर्ति पर तेल चढ़ाने का सिलसिला कोई ज़्यादा पुराना नहीं माना जा सकता। गणेश मंदिर में बाक़ी मंदिरों के विपरीत तेल में तिल मिलाकर ही चढ़ाया जाता है। इसकी स्थापना कांग्रेस के नेता मणिशंकर अय्यर के पिता और चार्टर्ड एकाउंटेंट वी. शंकर अय्यर के प्रयासों से हुई थी। यहां एक बोर्ड भी लगा है, जिस पर वी. शंकर अय्यरजी का उल्लेख है।

बहरहाल, गणेश मंदिर के किसी पुजारी को याद नहीं कि मणिशंकर अय्यर आख़िरी बार यहां कब आए थे। इस मंदिर में गणेशजी, नवग्रह, हनुमानजी, दुर्गजी वग़ैरह की मूर्तियां हैं। गणेश मंदिर के सामने फ़िलहाल एक संकट भी है। अब इसे तमिल पुजारी नहीं मिल रहे हैं। लिहाज़ा यहां आंध्र के पुजारियों से काम चलाया जा रहा है। तमिल पुजारी परिवार के साथ ही आते हैं। चूंकि उनके परिवारों के लिए छत की व्यवस्था नहीं हो पाती, तो वे अब इधर नहीं आते।

गुरुद्वारा बंगला साहिब

हनुमान मंदिर और शिव मंदिर के दर्शनों के बाद आप पैदल ही गुरुद्वारा बंगला साहिब पहुंच सकते हैं। यह भी बाबा खड़क सिंह मार्ग पर ही है। बंगला साहिब गुरुद्वारा दिल्ली के ऐतिहासिक गुरुद्वारों में से एक है। इसे सिखों के आठवें गुरु, गुरु हरकिशन साहिबजी से जोड़ा जाता है। कहा जाता है कि 1644 में जब दिल्ली में हैजा और चेचक महामारी फैली हुई थी, तब गुरु साहिब ने यहां आकर हज़ारों लोगों का सेवा-सत्कार किया था। उसी के बाद इस गुरुद्वारे को राजा जय सिंह ने बनवाया था। यानी राजा जय सिंह का संबंध हनुमान मंदिर और शिव मंदिर के

साथ-साथ श्रीबंगला साहिब गुरुद्वारे से भी है। रोज़ाना हज़ारों की संख्या में लोग यहां आकर सुकून महसूस करते हैं।

श्री बंगला साहिब गुरुद्वारे को बाहर से देखें, तो इसकी भव्यता का अहसास होता है और अंदर जाते ही शांति की अनुभूति होती है। इस गुरुद्वारे का गुंबद सोने का है। इस गुरुद्वारे में अंदर स्थित सरोवर के पानी को अमृत के समान पवित्र माना जाता है। मान्यता है कि श्री बंगला साहिब गुरुद्वारे का पानी कई बीमारियों के इलाज में कारगर है। इस गुरुद्वारे की मान्यता ऐसी है कि बड़े से बड़े रोग और कष्ट यहां आकर दूर हो जाते हैं। यही वजह है कि रोज़ाना दूर-दूर से हज़ारों की संख्या में श्रद्धालु कष्टों से मुक्ति पाने यहां आते हैं।

17वीं सदी में सिखों के 8वें गुरु हर किशन महाराज दिल्ली प्रवास के दौरान यहां रुके थे। 1664 में लोग चेचक और हैजा की बीमारी से पीड़ित थे। गुरु हर किशन महाराज ने बीमारी से पीड़ित लोगों की सहायता उनका इलाज करके और उन्हें शुद्ध पानी पिलाकर की थी। हालांकि जल्द ही गुरु हर किशन महाराज को भी बीमारियों ने घेर लिया था और अचानक 30 मार्च 1664 को उनकी मृत्यु हो गई थी।

श्री बंगला साहिब गुरुद्वारे में देर रात दो बजे संत श्री गुरु ग्रंथ साहिबजी का प्रकाश होता है और उसके बाद श्री सुखमनी साहिबजी का पाठ होता है। श्री सुखमनी साहिबजी के पाठ के बाद पांच वाणियों का पाठ होता है। इसके बाद अरदास होती है। फिर दिनभर भजन-कीर्तन होता है। गुरुद्वारे में प्रसाद में कड़ा और प्रसाद चढ़ाया जाता है। श्री बंगला साहिब गुरुद्वारे में गुरुद्वारे के साथ-साथ एक रसोईघर, बड़ा तालाब, एक स्कूल और एक आर्ट गैलरी भी है। यहां सुबह से शाम तक लगातार लंगर चलता है, जहां हर रोज़ हज़ारों की संख्या में श्रद्धालु भरपेट भोजन के रूप में गुरु का प्रसाद खाते हैं। यहां से रोज़ लंगर राम मनोहर लोहिया अस्पताल के रोगियों के लिए भी वितरित किया जाता है।

आप जब श्री बंगला साहिब गुरुद्वारे से पश्चिम की तरफ़ देखते हैं, तो सड़क के दूसरी तरफ़ आपको सेक्रेड हार्ट कैथडरल चर्च की सुंदर इमारत दिखाई देती है। यह 1930 में बनकर तैयार हो गई थी। यह भव्यता और गरिमा का संगम है। इसका डिज़ाइन हेनरी मेड ने बनाया था। उन्होंने यहां बगीचों के लिए पर्याप्त

स्पेस छोड़ा है। इसमें भांति-भांति के फूल लगे हैं। हेनरी मेड ने इसके बाहरी हिस्सों में लाल रंग की ईंटों का पर्याप्त इस्तेमाल किया था। इसके बनने से पहले भारत के वायसराय प्रार्थना करने के लिए कश्मीरी गेट स्थित सेंट जेम्स चर्च में ही जाते थे। इसमें 1947 के बाद भारतीय ईसाई भी आने लगे। इसके डिज़ाइन को देखकर समझ आता है कि मेड ने इसे यूरोपीय आर्किटेक्चर के हिसाब से ही तैयार किया था।

दिल्ली अल्पसंख्यक कमीशन के मेंबर ए.सी. माइकल भी मानते हैं कि कनॉट प्लेस और इसके आसपास का इलाक़ा अपने आप में बहुत पवित्र है क्योंकि यहां अनेक धार्मिक स्थान हैं। कैथेडरल चर्च में बीते कुछ वर्षों से दिल्ली और एनसीआर में बस गए नॉर्थ ईस्ट राज्यों के ईसाई भी हरे महीने के पहले रविवार को प्रार्थना के लिए एकत्र होते हैं। आपको संसद मार्ग पर फ्री चर्च की सुंदर-सी इमारत भी देखने को मिलती है। इसके आगे सुंदर-सा बगीचा भी है। संसद मार्ग और जंतर-मंतर में रहने वाले स्थायी कोलाहाल के बावजूद इसके अंदर जाने पर एक तरह की शांति मिलती है। इस तरह का एहसास होता है कि आप महानगर की अंधी दौड़ से कहीं दूर हैं। फ्री चर्च का निर्माण 1927 में हुआ था। लाल-सफ़ेद रंग की फ्री चर्च की बिल्डिंग भव्य है। इसके पादरी रह चुके ब्रदर सोलोमन जॉर्ज कहते हैं कि यहां पर अंग्रेज़ी तथा हिन्दी में सर्विस होती है।

दरअसल कनॉट प्लेस में सेक्युलर हिन्दुस्तान की आत्मा को महसूस किया जा सकता है। आपको कनॉट प्लेस और इसके आसपास औलिया मस्जिद (के ब्लॉक), मस्जिद जनपथ लेन, कस्तूरबा गांधी मार्ग में गोल मस्जिद, मरीना होटल के आगे अब्दुस सलाम मस्जिद, मस्जिद इरविन रोड, मस्जिद बंगाली वगैरह मिलेंगी। कमोबेश इन सबका निर्माण नई दिल्ली के 1911 में बनने के साथ ही हुआ। यहां से जब अज़ान की आवाज़ आती है, तो लगता है कि यही है असली भारत।

कनॉट प्लेस के आसपास की मस्जिदों को चलती कार से पाकिस्तान के प्रधानमंत्री इमरान ख़ान ने भी देखा था। यह बात है साल 2004 की और तारीख़ थी 5 नवंबर। दिल्ली में जाड़ा दस्तक देने लगा था। इमरान ख़ान दिल्ली में भारत-पाकिस्तान रिश्तों को लेकर चल रहे हिन्दुस्तान टाइम्स के सम्मेलन में भाग लेने आए हुए थे। वह तब तक तहरीक-ए-इंसाफ़ पार्टी के नेता ही थे। हालांकि उनकी पहचान क्रिकेटर के रूप में अधिक होती थी। सम्मेलन के दूसरे दिन उनकी चाहत थी

जामा मस्जिद जाकर मगरिब की नमाज पढ़ने के बाद रोज़ा खोलने की। वह रमज़ान का महीना था। कहते हैं ना कि 'जहां चाह वहां राह'। शाम चार बजे से कुछ पहले ही उन्हें जामा मस्जिद लेकर जाने वाले कुछ लोग तैयार हो गए। उनमें यह ख़ाकसार भी था।

जामा मस्जिद के इमाम अहमद बुख़ारी को मॉडर्न स्कूल के टीचर श्री फ़िरोज़ बख़्त अहमद के मार्फ़त सूचित कर दिया गया कि इमरान ख़ान नमाज़ पढ़ने के लिए आ रहे हैं। मौर्या शेरेटन होटल से कार जनपथ होते हुए कनॉट प्लेस पहुंची। इमरान ख़ान कार की खिड़की से दिल्ली के नज़ारे देख रहे थे। उनकी कार जनपथ होटल से सटी जनपथ मस्जिद को पार करके जब कनॉट प्लेस के आउटर सर्किल से गुज़र रही थी, तो वहां लेडी हार्डिंग मेडिकल कॉलेज कैंपस के ठीक आगे अब्दुस सलाम मस्जिद और उसके चंद मिनटों के बाद आ गई मोती मस्जिद। सबमें नमाज़ी आ-जा रहे थे। सारा माहौल उत्साह और ऊर्जा से लबरेज़ था। वह कनॉट प्लेस की रौनक को महसूस कर रहे थे।

कनॉट प्लेस के इतिहास और वर्तमान को जानने के बाद कहने लगे, 'ग़ज़ब की जगह है। यहां बड़ी लाइफ़ है।' अब कार जामा मस्जिद जाने के लिए कनॉट प्लेस को पीछे छोड़ते हुए मिंटो ब्रिज की तरफ़ बढ़ी, तो इमरान खान पीछे बैठे लोगों से मुख़ातिब होकर कहने लगे, 'क्या बात है कनॉट प्लेस की।'

जयपुर से शिव और हनुमान मंदिर तक

राजा जयसिंह द्वितीय ने ही कनॉट प्लेस में राजधानी के सबसे प्राचीन हनुमान मंदिर का 1724 में निर्माण करवाया था। राजा जयसिंह के नाम पर जयपुर शहर का नाम रखा गया था। उन्होंने ही हनुमान मंदिर से सटे शिव मंदिर की महत्ता को देखते हुए इसका जोर्णोद्धार कराया था। राजा जयसिंह द्वितीय ने ही कनॉट प्लेस के पास संसद मार्ग पर जंतर-मंतर का निर्माण करवाया था। जंतर-मंतर एक खगोलीय वैधशाला है। इसका निर्माण 1724 में करवाया गया था। यह इमारत प्राचीन भारत की वैज्ञानिक उन्नति की मिसाल है। राजा जय सिंह ने ऐसी वैधशालाओं का निर्माण जयपुर, उज्जैन, मथुरा और वाराणसी में भी करवाया था। दिल्ली का जंतर-मंतर समरकंद की वैधशाला से प्रेरित है। मोहम्मद शाह के शासन काल में हिन्दू और मुस्लिम खगोलशास्त्रियों में ग्रहों की स्थिति को लेकर बहस छिड़ गई थी। इसे ख़त्म करने के लिए राजा जय सिंह ने जंतर-मंतर का

निर्माण करवाया। ग्रहों की गति नापने के लिए यहां विभिन्न प्रकार के उपकरण लगाए गए हैं। सम्राट यंत्र सूर्य की सहायता से वक़्त और ग्रहों की स्थिति की जानकारी देता है। मिस्र यंत्र वर्ष के सबसे छोटे ओर सबसे बड़े दिन को नाप सकता है। राम यंत्र और जय प्रकाश यंत्र खगोलीय पिंडों की गति के बारे में बताते हैं।

बंगला साहिब गुरुद्वारे का संबंध जयपुर से

कहा जाता है कि साल 1644 में जब दिल्ली में हैजा और चेचक महामारी फैली हुई थी, तब गुरु हर किशन साहिब ने यहां आकर हज़ारों लोगों का सेवा-सत्कार किया था। उसी के बाद इस गुरुद्वारे को राजा जय सिंह ने बनवाया था। राजस्थान मामलों के जानकार श्री गोपेन्द्र नाथ भट्ट ने बताया कि तालकटोरा गार्डन भी जयपुर महाराजा की शिकारगाह थी। कनॉट प्लेस के पास ही स्थित राजा बाज़ार भी जयपुर महाराजा ने ही बसाया था। इंडिया गेट के पास जयपुर हाउस भी है।

माना जाता है कि अमृतसर के हरमिंदर साहब गुरुद्वारे के बाद सर्वाधिक श्रद्धालु बंगला साहिब गुरुद्वारे में ही पहुंचते हैं।

ये रास्ते

कनॉट प्लेस में आप क़रीब एक दर्जन रास्तों से पहुंच सकते हैं। मतलब यहां आने में कभी आपको कठिनाई नहीं होगी। हां, यहां आने पर कार पार्किंग मिलना कभी-कभी मुश्किल हो जाता है। हालांकि इस तरह के मौक़े बहुत कम ही होते हैं, जब पार्किंग ही ना मिले। बहरहाल अगर आप ईस्ट दिल्ली, दिल्ली-6, नोएडा, वैशाली, वसुंधरा, इंदिरापुरम वगैरह की तरफ़ से आ रहे हैं, तो आप यहां कस्तूरबा गांधी मार्ग (पहले कर्जन रोड) या बाराखंभा रोड के रास्ते पहुंच सकते हैं। आप इन दोनों सड़कों पर आईटीओ, दरियागंज या फिर इंडिया गेट के गोल चक्कर को पार करके ही आते हैं।

अगर बात कस्तूरबा गांधी मार्ग की करें, तो यहां की मस्जिद कस्तूरबा गांधी मार्ग का अपना एक रोशन इतिहास है। इसे कुछ लोग गोल मस्जिद भी कहते हैं। अगर आप इंडिया गेट से कस्तूरबा गांधी मार्ग के रास्ते कनॉट प्लेस आ रहे हैं, तो यह मस्जिद पहले गोल चक्कर में बनी हुई है। बीते कई दशकों से यहां रमज़ान के दौरान रोज़ा खुलवाने की ज़िम्मेदारी आसपास के हिन्दू परिवार लेते हैं। माहे रमज़ान से दो-तीन हफ़्ते पहले ही लोग बुकिंग करवा लेते हैं कि वे किस-किस दिन रोज़ेदारों का रोज़ा खुलवाएंगे। यहां रमज़ान के दौरान रोज़ क़रीब 150-175 रोज़ेदार अपना रोज़ा खोलते हैं। इनमें कनॉट प्लेस, मंडी हाउस, बंगाली मार्केट, अतुल ग्रोव रोड वगैरह में रहने या काम करने वाले पेशेवरों से लेकर सरकारी बाबू तक रहते हैं।

यहां रोज़ेदारों को रोज़ा खोलते वक्त नॉन वेजिटेरियन खाने का सामान नहीं परोसा जाता। इस तरह की रिवायत गोल मस्जिद के संस्थापक मौलाना ज़मील इलियासी मरहूम ने शुरू की थी। उन्होंने 1959 में यह मस्जिद तामीर करवाई थी। वह मेवात के रहने वाले थे। वह इस्लाम के साथ हिन्दू धर्म के भी प्रकांड विद्वान थे। बड़ी बुलंद शख़्सियत थी उनकी। मौलाना ज़मील इलियासी के बाद उनके पुत्र मौलाना उमेर इलियासी गोल मस्जिद के इमाम बने। वह इंटरफ़ेथ कांफ्रेंस भी

आयोजित करते हैं। अगर बात रमज़ान से हटकर करें, तो यहां आपको रोज़ कुछ साधु भोजन करते हुए मिल जाएंगे। अगर यहां कोई साधु घूमता हुआ आ जाता है, तो उसके लिए यहां पर वैष्णो भोजन परोसा जाता है।

इसी कस्तूरबा गांधी मार्ग की एक कोठी में रहते हैं अजीत पाल सिंह। एक ज़माने में वह भारतीय हॉकी के सबसे चमकदार सितारे थे। वह उस भारतीय टीम के कप्तान थे, जिसने 1975 में विश्व कप हॉकी का ख़िताब जीता था। अजीत पाल सिंह ने दिल्ली के एक प्रतिष्ठित परिवार की बेटी किरण जीत कौर से शादी की थी। किरण जीत कौर देश की बास्केटबॉल टीम की कप्तान थीं। उनके परिवार का संबंध नई दिल्ली को बनाने वालों में से था। अजीत पाल सिंह शादी के बाद पंजाब से दिल्ली शिफ़्ट हो गए थे। वह पहले सीमा सुरक्षा बल (बीएसएफ़) की टीम से खेलते थे।

कैंरो केजी मार्ग में

पंजाब के लोकप्रिय मुख्यमंत्री प्रताप सिंह कैंरो का भी इस सड़क से संबंध रहा है। वह जब अपने सियासी करियर के शिखर पर थे, तब 6 फ़रवरी 1965 को उनकी हत्या कर दी गई थी। कैंरो कस्तूरबा गांधी मार्ग में अपने एक मित्र से मिलकर वापस चंडीगढ़ जा रहे थे। रास्ते में सोनीपत के पास राई में सुच्चा सिंह और उनके साथियों ने कैंरो का क़त्ल कर दिया था। उनके हत्यारे सुच्चा सिंह को पंजाब पुलिस के प्रमुख अश्वनी कुमार ने नेपाल में पीछा करते हुए पकड़ा था। दोनों में हाथापाई हुई थी, पर अश्वनी कुमार के घूंसों की बौछार ने सुच्चा सिंह को पस्त कर दिया। अश्वनी कुमार बीएसएफ़ के महानिदेशक भी रहे। उनका न्यू फ्रेंड्स कॉलोनी में घर था।

कहां हैं 12 खंभे?

मंडी हाउस के गोल चक्कर से जो सड़क आगे बढ़ती है, वह कहलाती है बाराखंभा रोड। आप जब बाराखंभा रोड की तरफ़ बढ़ते हैं, तब सड़क के बायीं तरफ़ नेपाल एंबेसी और दायीं तरफ़ सप्रू हाउस मिलता है। सप्रू हाउस के आगे मॉडर्न स्कूल आता है। कनॉट प्लेस के बनने से पहले मॉडर्न स्कूल बन चुका था। गांधीजी ने 20 अक्टूबर 1920 को इसकी आधरशिला रखी थी। उन्होंने मॉडर्न स्कूल के संस्थापक और स्वाधीनता सेनानी लाला रघुबीर सिंह को सलाह दी थी कि वह एक इस तरह का स्कूल खोलें, जहां भारतीय परम्पराओं के अनुसार शिक्षा दी जाए।

दिल्ली में स्तरीय स्कूल खुलते रहे, पर एडविन लुटियन के डिज़ाइन किए मॉडर्न स्कूल के रुतबे पर कोई असर नहीं हुआ।

गांधीजी यहां 1935 में भी आए थे। चूंकि यह कनॉट प्लेस से सटा है इसलिए इस स्कूल के बच्चे कनॉट प्लेस में दिखाई दे जाते हैं। वैसे कनॉट प्लेस में यूनियन एकेडमी स्कूल तथा रघुमल गर्ल्स स्कूल के बच्चे भी आते-जाते दिखाई दे जाते हैं। ये दोनों स्कूल हनुमान मंदिर के उस पार हैं। ख़ैर, हम अपने मूल विषय पर लौटते हैं। हमें बाराखंभा रोड में 12 खंभे कहीं नहीं मिलते। तो आख़िर इस सड़क का नाम बाराखंभा रोड कैसे पड़ गया? कहते हैं कि शंकर मार्केट के क़रीब सौ-सवा सौ साल पहले एक गुंबद खड़ा था, जिसमें 12 खंभे थे। मौलवी ज़फ़र हसन ने 1919 में लिखी अपनी किताब 'Monuments of Delhi' में लिखा है कि यहां 12 खंभों पर खड़ा एक गुंबद था। संभवत: इसलिए इस सड़क का नाम बाराखंभा रोड रखा गया। वैसे दिल्ली में अंकों पर बहुत-से मोहल्लों के नाम हैं। बस्ती निज़ामुद्दीन पुलिस स्टेशन के साथ ही लोधी काल का बाराखंभा स्मारक भी है। उधर, मिंटो रोड में बस्ती चौसठ खंभा है। आपको पहाड़गंज में बाराटूटी और छहटूटी मिलेंगे। आपको नौघरा दो-दो मिलेंगे। चांदनी चौक के किनारी बाज़ार में एक गली का नाम नौघरा है। यहां के श्री श्वेतांबर जैन मंदिर में जैन समाज की गहरी आस्था है। इंदरपुरी में एक नौघरा गांव है।

रंजीत सिंह फ़्लाईओवर

आप जानते हैं कि कनॉट प्लेस में एक रास्ता रंजीत सिंह फ़्लाईओवर के बनने के बाद और निकला था। यह 1982 की बात है। अब पुरानी दिल्ली के तुर्कमान गेट, सीताराम बाज़ार, मिंटो रोड वगैरह के भी बहुत से लोग महाराजा रंजीत सिंह फ़्लाईओवर के रास्ते बाराखंभा रोड पहुंच जाते हैं। यह फ़्लाईओवर मिंटो रोड में गांधी मार्केट से शुरू होता है और बाराखंभा रोड पर समाप्त होता है। यहीं पर पंजाब के महान शासक महाराजा रंजीत सिंह की धड़प्रतिमा स्थापित है। यहां से महाराजा रंजीत सिंह फ़्लाईओवर चालू होता है, इसके चंद क़दमों पर क़रीब दो दशक पहले तक रंजीत होटल हुआ करता था। यह सरकारी क्षेत्र का उपक्रम था। इसमें 1970 के दशक में दारा सिंह, रंधावा और दूसरे कई फ्री स्टाइल कुश्ती के बड़े सितारे ठहरा करते थे। आगे चलकर रंजीत होटल की बिल्डिंग को तोड़कर अनिल अंबानी की टेलिकॉम कंपनी ने वहां पर अपनी शानदार बिल्डिंग खड़ी कर ली थी।

यह अच्छी बात है कि राजधानी की इतनी महत्त्वपूर्ण सड़क का नाम उस महान शासक के नाम पर है, जिसने अपने राज्य में शिक्षा और कला को भरपूर प्रोत्साहन दिया था। उनका जन्म 1780 में गुजरांवाला (अब पाकिस्तान) में हुआ था। उन्होंने अफ़ग़ानों के ख़िलाफ़ कई लड़ाइयां लड़ीं और उन्हें खदेड़ दिया। महाराजा रंजीत सिंह रोड पर बने फ़्लाईओवर से कुछ ही दूरी पर मातासुंदरी गुरुद्वारा है। माताजी की महानता का शब्दों में वर्णन करना मुश्किल है। उन्होंने दुनिया की हर मां को सिखाया है कि कैसे अपने बच्चों को निडर और सच्चाई की राह पर चलने वाला बनाना चाहिए। उन्होंने चार साहिबज़ादे क़ौम के लिए बलिदान कर दिए। माता सुंदरी ने पत्नी और मां के धर्म का भी बखूबी निर्वाह किया था। गुरु गोविन्द सिंहजी के प्राण त्यागने के बाद उन्होंने क़ौम का नेतृत्व भी किया। उन्होंने सिखों को लंगर की परम्परा को अपने जीवन से जोड़ने की प्रेरणा दी। जहां महाराजा रंजीत सिंह फ़्लाईओवर बाराखंबा रोड से मिलता है, उससे क़रीब एक किलोमीटर की दूरी पर बाबा खड़क सिंह (6 जून 1868-6 अक्तूबर 1963) मार्ग है। वह भी महान सिख योद्धा थे। वह जलियांवाला बाग नरसंहार के ख़िलाफ़ चले आंदोलन की अगुवाई करने वालों में से एक थे। उन्हें ब्रिटिश शासन के ख़िलाफ़ आवाज़ बुलंद करने के कारण बार-बार जेल यात्राएं करनी पड़ीं। देश की आज़ादी के बाद वह दिल्ली में आकर बस गए। यहां पर सामाजिक कार्य करने लगे। 1975 में इरविन रोड का नाम बाबा खड़क सिंह के नाम पर रख दिया गया। अब भी पुराने दिल्ली वाले बाबा खड़क सिंह मार्ग को इरविन रोड ही कहते हैं। इस सड़क पर कनॉट प्लेस पुलिस स्टेशन और मेट्रो की एयरपोर्ट लाइन भी है इसलिए हर वक़्त यहां रौनक रहती है।

जनपथ

अगर आप साउथ दिल्ली की तरफ़ से कनॉट प्लेस की तरफ़ आ रहे हैं, तो आप बारास्ता जनपथ (पहले क़ींसवे) यहां आ सकते हैं। आपको कनॉट प्लेस से क़रीब दो किलोमीटर पर मेरिडियन होटल, फिर वेस्टर्न कोर्ट, इस्टर्न कोर्ट, जनपथ होटल, इंपीरियल होटल, बीएसएनएल बिल्डिंग, तिब्बत मार्केट, जनपथ बाज़ार वग़ैरह मिलेंगे। अब यहां पर जनपथ मेट्रो स्टेशन भी बन चुका है। यह 26 जून 2014 को शुरू हुआ था। वेस्टर्न कोर्ट में 1980 और 1990 के दशकों में मधु लिमये तथा लाडली मोहन निगम भी रहे। उस दौर में दिल्ली यूनिवर्सिटी और जवाहरलाल नेहरू यूनिवर्सिटी के बहुत सारे छात्र और अध्यापक वेस्टर्न कोर्ट

पहुंचते थे। ये सब लाडली मोहन निगम और मधु लिमये जैसे महान समाजवादी विचारकों से मिलने के लिए आते थे।

लाडलीजी 1978 में राज्यसभा के सदस्य बने थे। आजीवन अविवाहित रहे। पक्के समाजवादी थे। संपन्न परिवार के थे, पर परिवार को छोड़कर समाजवादी कुनबा ही उनका असली परिवार था। मध्यप्रदेश के रहने वाले थे। इलाहाबाद में पढ़ाई की, पर इंदौर मध्यप्रदेश उनकी कर्मस्थली रही। वेस्टर्न कोर्ट के दूसरे कोने में एक कमरे में मधुजी रहते थे। डीयू के पूर्व प्रोफ़ेसर डॉ. हरीश खन्ना कहते हैं कि उस दौर में हम लोग दोनों से मिलने जाते थे। उम्र में बड़े होने के बावजूद उनके व्यवहार में बराबरी और मित्रता का भाव रहता था। हंसी-मज़ाक भी होता रहता था।

समता का भाव मधु लिमये का

मधु लिमये और निगम साहब की मित्र मंडली में छोटे-बड़े सभी तरह की उम्र के लोग थे। महिला मित्र भी थीं। सबके प्रति समता का भाव रहता था। उसमें उनकी उम्र या अहम कहीं रुकावट नहीं थे। दोनों घुमक्कड़ प्रवृत्ति के थे। निगम साहब एक छोटी-सी पोटली में इलायची, लोंग, सुपारी रखते थे। कभी-कभी मिलने वालों को देते थे। आपातकाल में बड़ौदा डायनामाइट केस में जॉर्ज फ़र्नांडीस के साथ उन्हें भी अपराधी बनाया गया था, पर वह भूमिगत हो गए।

उनका देहांत जब हुआ, तो सुप्रीम कोर्ट के मुख्य न्यायाधीश जस्टिस जे एस वर्मा भी शोक अभिव्यक्त करने आए थे।

संसद मार्ग

संसद मार्ग शायद दुनिया की एकमात्र सड़क होगी, जिसके दो नाम हैं। दोनों नाम प्रचलित भी हैं और डाक-तार विभाग में स्वीकार्य भी। इसे संसद मार्ग या पार्लियामेंट स्ट्रीट कहा जाता है। हालांकि बाक़ी सड़कों के नाम बनते-बदलते रहेंगे, पर इसका नाम शायद कभी न बदले। इसके दोनों तरफ़ ख़ासमख़ास सरकारी विभागों और बैंकों की भव्य इमारतें हैं। अगर हम संसद मार्ग से इसके दूसरे कोने कनॉट प्लेस की तरफ़ पैदल ही चलें, तो हमें मिलती हैं पीटीआई, रिज़र्व बैंक, योजना आयोग (अब नीति आयोग), डाक भवन, परिवहन भवन, बैंक ऑफ़ बड़ौदा और जीवन भारती जैसी अहम इमारतें।

संसद मार्ग की बात होगी, तो संसद मार्ग थाने का ज़िक्र किए बग़ैर हम आगे नहीं बढ़ सकते। इसका महान स्वाधीनता सेनानी शहीद-ए-आज़म भगत सिंह और उनके साथी बटुकेश्वर दत्त से भी गहरा संबंध रहा है। इन दोनों ने 8 अप्रैल 1929 को सेंट्रल असेंबली (अब संसद भवन) में बम फोड़ा और गिरफ़्तारी दी। इन दोनों को बम फेंकने के बाद पुलिस ने गिरफ़्तार कर लिया। फिर दोनों को 1913 में बने संसद मार्ग थाने में लाया गया। यहां पर उस सनसनीखेज़ केस का एफ़आईआर लिखा गया था। तब एफ़आईआर उर्दू में ही लिखे जाते थे। उसे बाद में हिन्दी में लिखा गया।

संसद मार्ग पर ही जंतर-मंतर और फ्री चर्च भी है। नई दिल्ली के निर्माण के वक़्त अंग्रेज़ों ने कनॉट प्लेस के इर्द-गिर्द कुछ चर्च बनवाए थे।

शहीद भगत सिंह मार्ग

अगर आप वेस्ट दिल्ली या नॉर्थ दिल्ली की तरफ़ से आ रहे हैं, तो आप गोल मार्केट और उसके आगे शहीद भगत सिंह मार्केट होते हुए शहीद भगत सिंह मार्ग के रास्ते से कनॉट प्लेस में दाख़िल होंगे। इस सड़क का नाम 1950 के दशक तक था डी हार्डिंग रोड। आख़िर यहां पर लेडी हार्डिंग मेडिकल कॉलेज का मेन गेट जो है। अगर आप इस एरिया के भूगोल से वाक़िफ़ हैं, तो आप जानते होंगे कि शहीद भगत सिंह मार्केट से पहाड़गंज दस मिनट पैदल का रास्ता है। पहाड़गंज का भगत सिंह से संबंध उनकी 1931 में फांसी के बाद ही स्थापित हो गया था। उन्हें फांसी दिए जाने के फ़ौरन बाद पहाड़गंज के नागरिकों ने चूना मंडी के पास एक गली का नाम अपने स्तर पर ही भगत सिंह स्ट्रीट रख लिया। हालांकि उसे सरकारी मान्यता देश की आज़ादी के बाद ही मिली। दिल्ली में इससे पहले भगत सिंह के नाम पर कुछ नहीं था।

पहाड़गंज के ही मेन बाज़ार का नाम 1953 में भगत सिंह बाज़ार रख दिया गया। मतलब पहाड़गंज में ही भगत सिंह स्ट्रीट और भगत सिंह बाज़ार दोनों हो गए, पर छह वर्षों के बाद 1959 में भगत सिंह बाज़ार का नाम कर दिया गया नेहरू बाज़ार। वह अब भी नेहरू बाज़ार के नाम से ही आबाद है। उसी साल एडविन लुटियन की डिज़ाइन की गई गोल मार्केट के पास जो नई मार्केट बनी, उसे नाम मिला शहीद भगत सिंह मार्केट। तभी लेडी हार्डिंग रोड का नाम बदलकर शहीद भगत सिंह मार्ग कर दिया गया था।

ख़ैर, भगत सिंह मार्केट ने कनॉट प्लेस से बिलकुल सटे होने के बावजूद अपनी पहचान बनाई। यहां की मिठाई की दुकानें अपनी गुणवत्ता के चलते मशहूर होती गईं। संभवत: आपको नई दिल्ली में बंगाली मार्केट और भगत सिंह मार्केट से स्तरीय मिष्ठान की दुकानें कहीं नहीं मिलेंगी। शिवाजी स्टेडियम में हॉकी के मैच ख़त्म होने के बाद विजय टीम के खिलाड़ी और उनके प्रशंसक भी यहां आकर मुंह मीठा करना नहीं भूलते। अजीत पाल सिंह, अशोक कुमार, ज़फ़र इक़बाल, विनीत कुमार, कुक्कू वालिया से लेकर मौजूदा दौर के सभी जाने-माने हॉकी खिलाड़ियों ने भगत सिंह मार्केट में ना जाने कितनी बार भांति-भांति की मिठाइयां खाई हैं।

शहीद भगत सिंह मार्केट में ही कुछ साल पहले तक होता था डीएवी स्कूल। यह साल 2010 में बंद हो चुका है। इसी स्कूल में पढ़े थे पूर्व केन्द्रीय मंत्री राजेश पायलट। ये बातें हैं साठ के दशक की। वह तब गुरुद्वारा रकाबगंज रोड में रहते थे और नई दिल्ली के सरकारी बंगलों में दूध भी बेचते थे। यानी वह पढ़ाई और नौकरी साथ-साथ कर रहे थे। फिर वह एयरफ़ोर्स और सियासत के शिखर पर पहुंच गए। डीएवी स्कूल के बंद होने के बारे में पता चला कि यह किराए की इमारत में चल रहा था। इसकी स्थापना 1930 में हुई थी। मतलब 80 साल तक यह स्कूल।

पंचकुइयां रोड

देवी अहिल्याबाई होलकर कौन थीं? दरअसल देवी अहिल्याबाई होलकर वंश के मल्हारराव होलकर के पुत्र खांडेराव की पत्नी थीं। इंदौर की देवी अहिल्याबाई का काशी से ख़ास नाता रहा है। उन्होंने बनारस में भव्य काशी विश्वनाथ मंदिर का निर्माण करवाया था। गंगा नदी के किनारे अहिल्याबाई घाट और महल भी है, जिसे होलकर वाड़ा कहते हैं। कहा जाता है कि उन्होंने 1776-95 के अपने शासनकाल में देश में अनेक मंदिरों व धर्मशालाओं का निर्माण करवाया था। देवी अहिल्याबाई न्याय के लिए लड़ने वाली बहादुर महिला मानी जाती हैं। उन्होंने 1780 में कुरुक्षेत्र तीर्थयात्रा के दौरान दिल्ली का भी दौरा किया था। उन्होंने तब पहाड़गंज क्षेत्र में पानी की समस्या को दूर करने के लिए पांच कुओं का निर्माण भी करवाया था इसलिए इस सड़क का नाम हो गया पंचकुइयां रोड। हालांकि अब उन कुओं के अवशेष भी नहीं मिलते, जो देवी अहिल्याबाई के समय बने थे।

दरअसल इस सारे इलाक़े में नई दिल्ली के निर्माण के समय बहुत-सी इमारतें तोड़ी गईं और नई बनी थीं। हो सकता है कि उस दौर में वे कुएं भी ख़त्म कर दिए गए हों। इस सड़क का भी प्राय: वे लोग इस्तेमाल करते हैं, जो वेस्ट दिल्ली या नॉर्थ दिल्ली से कनॉट प्लेस की तरफ़ आ-जा रहे होते हैं।

इसी पंचकुइयां रोड के एक सरकारी घर में एक छत के नीचे तीन टेस्ट क्रिकेटर भी रहे। दरअसल यहां के एक रेलवे के बंगले में लाला अमरनाथ अपने परिवार के साथ रहते थे। उनके दो पुत्र क्रमश: सुरेन्द्र तथा मोहिन्दर भारत की क्रिकेट टीम से खेले। लालाजी के सबसे छोटे पुत्र राजेन्द्र अमरनाथ ने भी प्रथम श्रेणी की क्रिकेट खेली। लालाजी के बंगले के भीतर बने छोटे-से पार्क में उनकी पाठशाला चलती थी। वह वहां पर ही अपने पुत्रों को क्रिकेट की बारीकियों से रूबरू करवाया करते थे।

मेट्रो रेल आने के कारण पंचकुइयां रोड का चेहरा-मोहरा बदला। मेट्रो रेल के आने से पहले पंचकुइयां रोड पर एक बड़ी फ़र्नीचर मार्केट हुआ करती थी। उसी दौर में वहां पर एक गर्मागर्म समोसे तथा गुलाब जामुन की भी दुकान के बड़े चर्चे हुआ करते थे। उसमें पेट-पूजा करने के लिए खाने-पीने के शौकीन दूर-दूर से पहुंचते थे। उस दुकान का नाम था फ्रंटियर समोसे। उसमें एक बड़ी मूंछों वाले बाबाजी कस्टमर्स को सौदा दिया करते थे।

चेम्सफ़ोर्ड रोड

नई दिल्ली रेलवे स्टेशन में आने-जाने वालों के लिए चेम्सफ़ोर्ड रोड बहुत जानी-पहचानी है। यहां लगभग हमेशा ही भीड़ रहती है। जिन्हें नई दिल्ली रेलवे स्टेशन के प्लैटफ़ॉर्म नंबर एक से आठ तक अपनी गाड़ी लेनी होती है, वे चेम्सफ़ोर्ड रोड के रास्ते स्टेशन पर पहुंचते हैं। भारत में ब्रिटेन के वायसराय थे लॉर्ड चेम्सफ़ोर्ड। जब जलियांवाला बाग नरसंहार हुआ, तब वे भारत के वायसराय थे। उन्होंने उस क़त्लेआम पर कभी कोई शोक व्यक्त नहीं किया था। चेम्सफ़ोर्ड 1916 से लेकर 1921 तक भारत के वायसराय रहे। यह सिर्फ भारत में ही संभव है कि जलियांवाला बाग जैसे दिल दहलाने वाले क़त्लेआम के समय भारत में तैनात वायसराय के नाम पर हमारे यहां एक बेहद ख़ास सड़क का नाम हो।

कनॉट प्लेस से सटे चेम्सफ़ोर्ड रोड पर रेलवे के आला अफ़सरों के बड़े बंगले हैं। ये अपनी लोकेशन और भव्यता के कारण लाजवाब हैं। चेम्सफ़ोर्ड रोड पर बने बंगले नई दिल्ली स्टेशन के पास ही हैं।

आप जब नई दिल्ली रेलवे स्टेशन से निकलकर चेम्सफ़ोर्ड रोड के रास्ते कनॉट प्लेस की तरफ़ बढ़ते हैं, बस तभी सड़क के दायीं तरफ़ एक तीन मंज़िला ख़स्ताहाल इमारत के बाहर लगे बोर्ड पर आपकी निगाह जाकर ठहर जाती है। इस पर लिखा है - 'श्रीलंका बुद्धिस्ट पिलग्रिम्स रेस्ट गेस्ट हाउस।'

इसके बोर्ड पर कुछ साल पहले श्रीलंका के स्थान पर कोलंबो लिखा था। यह लगभग आधी सदी से चल रहा है। श्रीलंका की प्रधानमंत्री सिरिमावो भंडारनायके के प्रयासों से 1970 में स्थापित किया गया था, ताकि भारत के प्रमुख बुद्ध तीर्थस्थलों में आने वाले श्रीलंका के पर्यटकों को यहां पर रहने की सुविधा मिल जाए। वे यहां पर रुककर भारत की अपनी तीर्थ यात्रा को जारी रख सकें। यहां तीन दर्जन कमरे हैं। भीड़भाड़ वाले चेम्सफ़ोर्ड रोड पर श्रीलंका बुद्धिस्ट पिलग्रिम्स रेस्ट गेस्ट हाउस के कुछ ही क़दम की दूरी पर अब्दुल गनी मस्जिद है। इनके पीछे रेलवे स्टेडियम है।

मिंटो ब्रिज से

अब बात बारास्ता मिंटो ब्रिज से कनॉट प्लेस पहुंचने वालों की। यहां से मिंटो रोड, राउज़ एवेन्यू, थॉमसन रोड, दिल्ली-6 में रहने और कामधंधा करने वाले कनॉट प्लेस पहुंचते हैं। मिंटो ब्रिज 1931 में बना था। दिल्ली में झमाझम बरसात होते ही मिंटो ब्रिज के नीचे पानी जमा हो जाता रहा है। यहां बारिश के पानी में डीटीसी बसों, कारों और दूसरे वाहनों के फंसे होने की तस्वीरों को अख़बारों और टीवी चैनलों पर दिखाई जाने वाली ख़बरों में देखा जा सकता है। मिंटो ब्रिज का नाम भारत के सन 1905-1910 के बीच वायसराय रहे लॉर्ड मिंटो के नाम पर रखा गया था। हालांकि काराज़ों पर मिंटो ब्रिज का नाम शिवाजी ब्रिज हुए एक अरसा गुज़र चुका है, पर यह अब भी कहलाता मिंटो ब्रिज ही है।

लाल ईंटों से बना मिंटो ब्रिज और इसके आसपास का स्पेस लंबे समय से बड़ी कंपनियों को अपने उत्पादों का प्रचार करने के लिहाज़ से सबसे उपयुक्त स्थानों में से एक लगता है। वे इसके मत्थे से लेकर दायें-बायें अपने उत्पादों के बोर्ड लगाती रही हैं।

मिंटो ब्रिज पर दो कथाकार

हिन्दी के दो वरिष्ठ कथाकारों की ज़िंदगी से मिंटो ब्रिज जुड़ा हुआ है। 'तमस' के लेखक भीष्म साहनीजी अपने अजमेरी गेट स्थित ज़ाकिर हुसैन कॉलेज से पैदल ही कनॉट प्लेस के कॉफ़ी हाउस में मिंटो ब्रिज को पार करते हुए आते-जाते थे। इस दौरान उन्हें कई बार 'आवारा मसीहा' के रचयिता विष्णु प्रभाकर का साथ भी मिल जाया करता था। वह अजमेरी गेट की गली कुंडेवालान के अपने घर से कॉफ़ी हाउस जा रहे होते थे। कई बार दोनों मिंटो ब्रिज के नीचे भुट्टा लेकर अपनी मंज़िल की तरफ़ बढ़ते थे। कभी-कभी दोनों मिंटो ब्रिज के नीचे ही किसी रचना पर बहस भी करने लगते थे। लेखक मनोहर श्याम जोशी और रघुवीर सहाय भी मिंटो रोड के बैरन रोड की जाफ़री में रहे थे। ज़ाहिर है, वे भी मिंटो ब्रिज के नीचे से कनॉट प्लेस आते-जाते थे।

• • •